AF226619

LA FRANCE

MONARCHIQUE

ET

CLÉRICALE

PAR A. S. MORIN

(MIRON)

Prix : 50 Centimes

PARIS

ARMAND LE CHEVALIER, ÉDITEUR

61, rue de Richelieu, 61

GODET	HURTEAU
9, Place des Victoires, 9	Galeries de l'Odéon

1873

LA FRANCE

MONARCHIQUE

ET

CLÉRICALE

LA FRANCE

MONARCHIQUE

ET

CLÉRICALE

PAR A. S. MORIN

(MIRON)

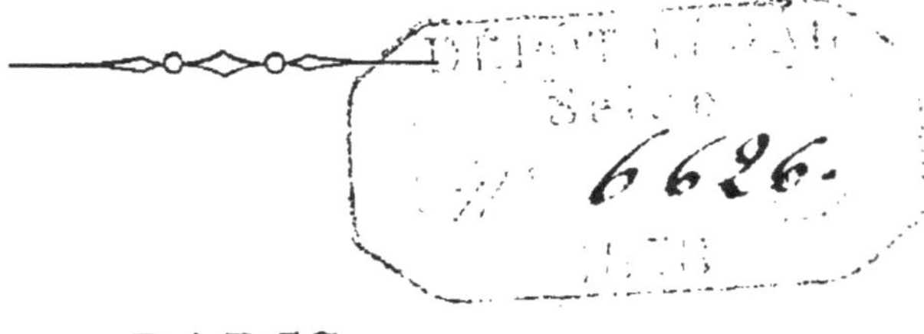

PARIS

ARMAND LE CHEVALIER, ÉDITEUR

61, rue de Richelieu, 61

GODET	HURTEAU
9, Place des Victoires, 9	Galeries de l'Odéon

1873

LA FRANCE

MONARCHIQUE

ET

CLÉRICALE

Au mois de juin de l'an de grâce 1899, le navire le *Franklin*, venant de New-York, se dirigeait sur le Havre. Parmi les passagers, se trouvaient deux Américains qui avaient promptement fait connaissance à bord. Le plus âgé, Wiliam Richard, était un commerçant qui avait fait le tour du monde et qui avait étudié les institutions de tous les peuples de l'Europe. Le plus jeune, Jonathan avait vécu dans un territoire nouvellement défriché, près des Montagnes Rocheuses. Il ne savait, de l'histoire de France, que ce qu'il avait lu dans des livres classiques où la narration des événements s'arrêtait à la Révolution de 1848. Il ignorait complétement ce qui s'était passé en Europe depuis cette époque mémorable ; il se figurait la France en République ; il éprouvait pour elle une vive sympathie, une ardente admiration ; il brûlait d'impatience de fraterniser avec cette nation généreuse qui, en 89, avait proclamé les grands principes de l'ordre social, et qui s'était dévouée à la régénération de

l'humanité ; il ne parlait de la France qu'avec atten-
drissement ; il rappelait les services immenses qu'elle
avait rendus à l'Amérique en l'aidant à conquérir
son indépendance.

Son ami souriait en l'entendant ; il éprouvait un
sentiment de douleur au moment où il se croyait
obligé de lui enlever ses illusions. « Pauvre France,
s'écria-t-il ! Combien vous allez la trouver différente
du portrait qu'en a tracé votre imagination ? »

Jonathan, étonné, lui demanda des éclaircissements.
Richard lui mit entre les mains un petit livre où
étaient racontés succinctement les événements sur-
venus depuis 1848 jusqu'en 1873, l'avortement de la
seconde République, l'élection de Bonaparte, le coup
d'État du 2 décembre, la guerre de Prusse, l'avénement de la troisième République, l'invasion, le traité
de 1871, l'élection de l'Assemblée nationale et ses
travaux, la chute de Thiers, les dispositions du parti
réactionnaire pour renverser la République.

Le lendemain matin, nos deux voyageurs se retrou-
vaient sur le pont. Jonathan tenait à la main le livre
fatal ; il était désenchanté, triste, abattu. Il ne pouvait comprendre comment la France s'était laissé
ravir ses libertés, comment elle était déchue de la
position glorieuse qu'elle avait occupée. Il n'osait demander la continuation de l'histoire, il craignait d'ap-
prendre de nouveaux malheurs, de nouvelles chutes.
Il se décida pourtant à interroger son ami. « J'ai
suivi, lui dit-il, la France jusqu'en 1873 ; elle était
alors menacée de perdre par sa faute le fruit de ses
longs efforts, de se laisser dominer par le parti le
plus rétrograde. Elle était bien malade ; cependant
son salut n'était pas désespéré. Elle pouvait sortir de
cette crise, affermir la République, et, à force de
persévérance, réparer ses pertes, remonter au rang
d'où elle était descendue. Parlez, je vous prie, tirez-

moi d'une pénible incertitude. Sous quel régime est la France que je vais visiter dans quelques jours? »

« Hélas, répondit Richard ! vos pressentiments se sont malheureusement réalisés. En arrivant en France, vous retrouverez le moyen âge, le despotisme et la théocratie... Asseyons-nous. Nous avons encore quelques jours de traversée. Je vais vous raconter cette honteuse période.

Vous avez appris quelles ont été les funestes élections de février 1871. La France avait éprouvé d'épouvantables désastres, une grande partie du territoire était occupée par les armées allemandes. Paris, après avoir soutenu courageusement un long siége, était épuisé par la famine et venait de capituler. Le pays affaissé ne pouvait continuer la lutte. Les populations étaient tombées dans le découragement et éprouvaient le besoin de la paix. Quelques républicains exaltés voulaient encore prolonger la résistance ; mais on était généralement persuadé qu'elle ne ferait qu'aggraver le poids des calamités. A l'approche des élections, on se défia des candidats qui, par leurs opinions républicaines, semblaient devoir être plus difficiles sur les conditions du traité. On écouta de préférence ceux qui s'annonçaient comme décidés à accepter la loi du vainqueur. C'est ce qui explique le succès des monarchistes. On vit alors apparaître des hommes de l'ancien régime, espèces d'Épiménides qui semblaient avoir dormi depuis 1788, et qui se croyaient encore sous la vieille monarchie féodale. Ils n'avaient rien appris, rien oublié ; ils n'auraient pu se faire accepter sous la monarchie constitutionnelle de Louis XVIII, ils se seraient trouvés déplacés à la Chambre *introuvable* de 1815, plus royaliste que le roi. En 1871, ils obtinrent les suffrages des électeurs; avec eux, on était sûr d'avoir la paix à tout prix.

— 4 —

Dès le premier jour de sa réunion à Bordeaux, l'Assemblée nationale se dessina. Les monarchistes se comptèrent ; ils formaient une majorité compacte. On put croire que dès ce jour la cause de la République était perdue.

Cependant la réaction comprit qu'elle avait des ménagements à garder avant de proclamer sa victoire. Elle redoutait Paris, foyer révolutionnaire, où bientôt devait éclater la sinistre insurrection du 18 mars, dont les excès compromirent la République. D'un autre côté, les monarchistes, d'accord pour écraser la révolution, étaient divisés sur le choix d'une dynastie. Les bonapartistes n'y formaient qu'une faible minorité : mais les royalistes se divisaient en légitimistes et orléanistes, et ces deux partis avaient l'un pour l'autre une haine profonde. Cette désunion pouvait, au moins pour quelque temps, préserver la République.

Les monarchistes convinrent de laisser en suspens leurs prétentions respectives, de choisir provisoirement un gouvernement neutre, qui aurait seulement pour mission de maintenir l'ordre jusqu'au jour où les circonstances permettraient de prendre un parti définitif. Thiers leur parut l'homme le plus propre à gérer cet état de choses indéfini. Cet éminent homme d'Etat rendit à la France les plus grands services. Il comprima l'insurrection la plus terrible, il traita avec l'étranger aux conditions les plus douces que permit la triste situation de la France, il émit un emprunt colossal pour payer la rançon, et, par l'habileté de ses négociations, il devança l'évacuation du territoire. Pendant quelque temps, on le proclamait le sauveur, la providence du pays, l'homme nécessaire. On put craindre que l'excès de la reconnaissance ne jetât les Français dans l'idolâtrie d'un homme, ne fît de lui un monarque, un dictateur, une divinité.

Mais les monarchistes ne perdaient pas de vue leurs plans de restauration. Thiers était coupable, à leurs yeux, d'une politique qui, en ménageant tous les partis, faisait encore trop de concessions à l'élément républicain. Ils ne purent lui pardonner la proposition de lois qui auraient constitué la République comme gouvernement définitif. On l'accusa de pactiser avec les *radicaux*, de trahir *l'ordre moral*. La presse réactionnaire se mit à l'attaquer, à le dénigrer avec fureur. Il se forma, dans les groupes monarchiques, un complot pour le renverser. On effraya les indécis, les trembleurs ; on leur présenta la société comme menacée d'un cataclysme, si l'on ne rompait irrévocablement avec la démocratie ; que deviendraient la *propriété*, la *famille*, la *religion ?* Ces trois bases essentielles de l'ordre social étaient ébranlées. Il fallait une main ferme pour les consolider, les mettre à l'abri des démolisseurs.

Le 24 mai 1873, l'Assemblée vota un ordre du jour qui impliquait un blâme du gouvernement, Thiers donna sa démission, et aussitôt l'Assemblée nomma à sa place le maréchal Mac-Mahon.

Pendant quelques mois, les vainqueurs furent comme étourdis de leur victoire. Ils se donnèrent la satisfaction d'épurer les administrations, d'éloigner tout ce qui restait encore de fonctionnaires républicains. Mais ce n'était là qu'un prélude. Il fallait frapper un grand coup, terrasser la Révolution et l'empêcher de pouvoir jamais se relever.

Le principal obstacle au rétablissement de la monarchie, c'était la rivalité des trois dynasties. Il y avait bien encore à compter avec la nation : le parti républicain gagnait de jour en jour ; on s'était peu à peu remis des terreurs insensées causées par le *spectre rouge* ; on envisageait la situation de la France ; on regardait la République comme le seul gouvernement possible et ayant des chances de durée. Bien des gens sages se résignaient à regret à cette conclusion, se ralliaient à la République, sans affection, mais par nécessité, reconnaissaient qu'aucune monarchie n'aurait de stabilité et que toute restauration serait inévitablement suivie de secousses horribles et de catastrophes incalculables.

Les élections-partielles, qui avaient eu lieu à l'Assemblée depuis le mois de février 1871, avaient été en grande majorité républicaines (dans la proportion des sept huitièmes); il en était de même des élections des conseillers généraux et des conseils municipaux des villes.

Les membres réactionnaires de l'Assemblée ne pouvaient se dissimuler que ses pouvoirs étaient très-contestés : élue sans mandat déterminé, elle avait eu pour mission principale de traiter avec l'ennemi, et elle avait pu se croire autorisée à prendre les mesures législatives que nécessitaient les circonstances. Mais les électeurs n'avaient pas entendu lui conférer le pouvoir constituant. Et il suffisait du doute à cet égard, pour que le devoir des mandataires fût de s'abstenir et d'en référer à leurs mandants. C'est à la nation qu'appartenait la souveraineté ; c'était à elle à prononcer sur la forme de gouvernement qu'elle préférait. Statuer sans la consulter, ce serait commettre une usurpation flagrante. Que serait-ce si les délégués supprimaient la souveraineté du peuple, le livraient à perpétuité entre les mains d'une dynastie ?...

Les plus résolus se moquaient de ces scrupules. Pour eux, la *souveraineté du nombre*, comme ils l'appelaient, était une chimère pernicieuse, un principe de désordre; le suffrage universel n'était que l'anarchie en permanence. L'Assemblée étant le seul pouvoir légal, disposait, par son délégué, du pouvoir

exécutif, de l'armée, de la police, de toute la légion
hiérarchisée et disciplinée des fonctionnaires. Il fallait
profiter de cette circonstance providentielle, qui mettait à la tête du pays les *gens de bien* (c'est le nom
qu'ils se donnaient). On devait bien se garder de con-
voquer une nouvelle Assemblée ; car, même en modi-
fiant le système électoral, les élections amèneraient
à coup sûr une Assemblée radicale, une seconde Con-
vention, et alors tout serait perdu. Ce serait la Révolution qui triompherait et qui, éclairée par l'expé-
rience, consoliderait la démocratie sur des bases du-
rables.

Les meneurs se décidèrent à hâter le dénouement.
Pour y réussir, ils négocièrent une fusion entre les
deux branches de la maison de Bourbon. Déjà de
nombreuses tentatives avaient été faites et avaient
échoué. Le représentant de la légitimité, le comte de
Chambord, était inflexible et ne voulait entendre
parler d'aucune concession. Il croyait aux droits de sa
naissance, comme à sa propre existence. Il mainte-
nait le drapeau blanc comme emblème de l'antique
monarchie. Il avait horreur de toutes les idées mises
en avant et propagées par la Révolution. Il était disposé à accorder quelques libertés, mais comme une
émanation de sa puissance, comme un don volon-
taire qu'il pourrait toujours révoquer, son autorité
étant immuable et incommunicable.

Les d'Orléans, ce semble, n'avaient rien à gagner
et beaucoup à perdre en s'alliant à ce prince très-im-
populaire. Ils risquaient de compromettre leur position de chefs du parti de la monarchie constitutionnelle et de continuateurs de la politique bourgeoise de
Louis-Philippe. En suivant la route que leur traçaient
naturellement les traditions de leur famille, ils avaient
naturellement deux cordes à leur arc ; car ils avaient
la chance de faire un nouveau 1830, et l'un d'eux

pouvait être appelé au trône par un vote parlemen-
taire. Si, au contraire, Henri V l'emportait, ils ve-
naient à sa suite comme ses héritiers.

Mais quelques royalistes zélés parvinrent à éveiller
des scrupules dans l'esprit du comte de Paris, l'aîné
de la famille d'Orléans. On lui remontra que la divi-
sion des deux branches était le principal obstacle au
rétablissement de la monarchie ; que la France se
consumait dans le provisoire et aspirait à la stabilité
qui n'était possible qu'avec la royauté ; qu'en se tenant
à l'écart, il était responsable des malheurs de la patrie. On fit valoir auprès de lui une autre considéra-
tion. Une grande partie des légitimistes avaient conçu
à l'égard de Louis-Philippe une profonde aversion
qui rejaillissait sur toute sa race. et ils en étaient venus à lui contester le droit d'hérédité au trône.
Genoude, le premier, avait soutenu pendant longtemps cette thèse : que Philippe V, petit-fils de
Louis XIV, en montant sur le trône d'Espagne, avait,
il est vrai, renoncé, pour lui et pour sa future posté-
rité, à ses droits éventuels à la couronne de France,
mais que cette renonciation, bien que consacrée so-
lennellement par un traité international, était nulle et
sans valeur ; que les descendants de Philippe V (et ils
étaient nombreux) étaient, en qualité de descendants
de Louis XIV, les plus proches agnats d'Henri V et
devaient être préférés aux d'Orléans, qui ne descen-
daient que du frère cadet de Louis XIV. Ce système
était chaleureusement soutenu par la presse légitimiste.

On fit entendre au comte de Paris que, s'il voulait
reconnaître la suprématie du chef de la maison de
Bourbon, qui n'avait pas d'enfants, il serait proclamé
comme son héritier, et, qu'une fois ses droits héréditaires ainsi établis, les deux partis légitimiste et orléaniste n'en feraient qu'un, les diverses fractions de

la droite de l'Assemblée se réuniraient, formeraient une majorité suffisante pour faire accepter la monarchie.

Le comte de Paris se rendit à ces raisons. Au mois d'août 1873, il alla à Vienne, où se trouvait le comte de Chambord, et il vint lui présenter ses hommages, tant en son nom qu'en celui de toute la famille d'Orléans, « comme au chef de la maison de Bourbon et au *seul* représentant de la monarchie en France »

Chambord reçut cet acte de soumission sans s'émouvoir, comme une chose qui lui était due. En réalité, c'était d'Orléans qui abdiquait entre ses mains, qui s'effaçait pour se faire légitimiste.

Cet événement fut diversement interprété. Les légitimistes étaient radieux ; l'union des deux branches leur paraissait le signal assuré d'un prochain triomphe. Ils jouissaient de l'abaissement des d'Orléans ; mais ils avaient assez de bon sens pour comprendre qu'il fallait faire trève à toute discussion sur les agnats et éviter tout ce qui pourrait troubler une harmonie si longtemps désirée.

En dehors de l'Assemblée, la plupart des orléanistes étaient désappointés. Ils avaient une invincible antipathie pour Chambord et pour son parti ; ils tenaient fermement aux idées libérales, aux principales conquêtes de la Révolution. Leur idéal, c'était une monarchie constitutionnelle, un roi tenant son pouvoir de l'élection et non de la naissance, qui ne soit que le premier magistrat du pays, un roi qui règne et ne gouverne pas, qui ne doit avoir d'autre politique que celle de la majorité d'une Assemblée élue et fréquemment renouvelée. Ils avaient espéré trouver dans la famille d'Orléans le candidat suivant eur cœur ; et, par attachement pour la mémoire de Louis-Philippe, qui, pour eux, était le modèle du roi-citoyen, ils avaient placé leur confiance dans son petit-fils. La défection de celui-ci leur causait de rudes perplexités. Les uns disaient que, du moment où l'on se plaçait en dehors du droit monarchique héréditaire, on était libre de choisir, et ils regardaient le duc d'Aumale comme pouvant satisfaire à leur programme. Ce prince s'était prononcé pour le *drapeau chéri* de la France, il n'était pas allé à Vienne, et il passait pour avoir désapprouvé la démarche de son neveu. Déjà on le désignait sous le nom de *stathouder*,. et on le regardait comme disposé à faire bon marché des droits héréditaires de ses aînés des deux branches.

D'autres orléanistes, considérant la conduite tortueuse des princes, avaient perdu en eux toute confiance et se préparaient à se rallier à la République, pourvu qu'elle fût modérée, conservatrice, et que ses institutions fussent aussi semblables que possible à celles de la monarchie constitutionnelle.

Quant aux républicains, ils traitaient la fusion de misérable intrigue. C'était, suivant eux, faire trop d'honneur aux princes, que de s'occuper de leurs affaires de ménage. Le sort de la France devra-t-il dépendre du rapprochement de deux cousins? Que n'ont-ils la fantaisie de se la partager comme un gâteau, ou de la tirer à la courte-paille? Qui osera disposer du peuple sans le consulter, aliéner sa souveraineté à perpétuité, la livrer, comme une marchandise, en toute propriété à une famille?... L'Assemblée n'osera jamais commettre une usurpation aussi odieuse, un abus de confiance aussi monstrueux.

Les meneurs qui avaient noué l'intrigue, s'inquiétaient bien des principes ! Il ne s'agissait, pour eux, que de trouver les moyens de réussir. On gagna facilement un certain nombre de députés du centre droit, en leur disant qu'Henri V était caduc avant l'âge, qu'il n'aurait pas d'enfants, et que, dans peu d'années, il irait rejoindre à Saint-Denis ses augustes ancêtres ;

que la couronne passerait aux mains du comte de Paris, qu'ainsi serait réalisé l'espoir du parti orléaniste ; qu'on aurait une charte constitutionnelle, garantissant toutes les libertés, c'est-à-dire le meilleur régime pour se préserver de la maudite République.

Avec d'autres, on fit surtout usage de l'intimidation. On leur parla des complots de l'Internationale, on leur montra des manifestes publiés à l'étranger, dans lesquels les réfugiés de la Commune annonçaient, avec une joie sauvage, qu'ils allaient prochainement entrer en campagne ; qu'ils étaient sûrs de prendre leur revanche de la défaite de 1871, et qu'ils immoleraient impitoyablement tous ceux qui avaient pris part à la réaction, à commencer par les membres de l'Assemblée. On leur fit voir des listes des victimes désignées. Le programme communard comprenait le massacre, la confiscation, l'incendie, la *liquidation sociale*. Beaucoup de membres, en recevant ces communications, en eurent une sueur froide ; ils ne dormaient plus, n'osaient plus faire un pas ; ils avaient peur de leur ombre ; ils supplièrent ceux qui se présentaient comme des sauveurs, de les arracher au plus tôt à cet affreux péril. Ils étaient prêts à faire tous les sacrifices. Seulement, par respect pour les opinions plus ou moins libérales qu'ils avaient soutenues, ils demandaient qu'on stipulât la réserve d'une charte bien conditionnée. On leur promit qu'ils auraient satisfaction ; on alla jusqu'à leur certifier qu'Henri V était le plus libéral des princes, et que sa parole de roi valait toutes les garanties imaginables.

Quelques récalcitrants furent moins traitables. On leur promit des emplois, des honneurs, des charges à la cour. Il y en eut auprès desquels on fit valoir l'avantage immense qu'il y aurait dans le retablissement d'une cour somptueuse, qui *ferait aller le commerce*, donnerait l'impulsion à l'industrie et aux beaux-arts; tandis que le régime républicain, avec ses mesquines économies, est ennemi du luxe qui est l'âme du travail, ce qui nous place dans une position d'infériorité humiliante vis-à-vis de l'Europe monarchique et aristocratique.

Enfin, à force de démarches et de sollicitations, on parvint à former une majorité d'adhérents. Un des ministres vint proposer à l'Assemblée le rétablissement de la monarchie héréditaire et traditionnelle. La gauche, tout entière, se leva avec colère et poussa un rugissement formidable ; il y eut des cris, des apostrophes, des menaces, des injures, échangés de part et d'autre. C'était une mêlée, un charivari, un chaos. Le président, ne pouvant parvenir à rétablir l'ordre, se couvrit et leva la séance.

Le lendemain, la séance fut des plus orageuses. Quelques orateurs se firent entendre. Deux républicains prononcèrent des discours passionnés, éloquents, revendiquèrent avec énergie les droits du peuple, protestèrent contre l'excès de pouvoir qu'on leur proposait, et allèrent jusqu'à déclarer que si l'Assemblée osait voter une telle proposition, le peuple ne serait nullement lié par sa décision et serait réduit à courir à l'insurrection comme à la dernière ressource contre l'oppression.

La majorité luttait par ses interruptions, ses huées, ses trépignements. Les orateurs furent rappelés à l'ordre; un membre de la droite les accusa de pactiser avec les factieux, d'exciter au déchaînement des passions démagogiques: rappela à l'Assemblée qu'elle s'était maintes fois reconnu le pouvoir constituant, qu'aucune loi ne limitait ses pouvoirs; qu'il s'agissait, pour elle, d'en user librement; que sa décision, quelle qu'elle fût, serait obligatoire, comme tout ce qui émane du pouvoir souverain; que les menaces qu'on venait de proférer, devaient être un nouveau motif pour faire sentir la nécessité de sortir promptement d'une situation précaire et intolérable.

Malgré les efforts des députés restés fidèles aux principes républicains, la proposition, après un débat tumultueux, fut adoptée à une majorité de trois voix ; elle était ainsi conçue : « L'Assemblée nationale, interprète des sentiments de la France entière, supplie Sa Majesté Henri V, petit-fils de Charles X, de prendre au plus tôt l'exercice de son autorité royale. »

A la nouvelle de cette décision, il y eut, dans toute la France, des cris d'indignation, des transports de colère ; l'agitation fut extrême. Les populations étaient frémissantes. On avait supporté la politique réactionnaire de l'Assemblée, parce qu'on attendait patiemment la fin de son mandat pour constituer, par les voies légales, une véritable représentation, Mais on ne pouvait laisser confisquer la souveraineté nationale. Le roi qu'on voulait imposer à la France, c'était le roi des prêtres, le représentant de l'ancien régime ; il ne parlait, dans ses manifestes, que de la prépondérance à donner à la religion, que de la nécessité de restaurer le pouvoir temporel du pape ; il avait tout fait pour se rendre impopulaire. Une nation ne pouvait se laisser sacrifier par une faction. Ce n'était pas à une majorité de trois voix, qu'une Assemblée pouvait dépouiller le peuple de ses droits imprescriptibles.

Il y eut des insurrections à Paris, à Lyon, à Marseille et à Toulouse. Parmi ceux qui y prirent part, les plus ardents furent des partisans exaltés de la Commune ; ils arborèrent le drapeau rouge, placardèrent des proclamations contenant d'horribles menaces. Beaucoup d'honnêtes gens refusèrent de concourir avec de tels auxiliaires et préférèrent garder la neutralité. Les républicains sensés avaient beau leur représenter qu'avant tout il fallait maintenir l'indépendance de la nation, renverser un gouvernement

perfide et usurpateur, et qu'après la victoire, on avise-
rait à choisir un gouvernement qui pût répondre aux
vœux et aux aspirations du pays; qu'alors, on aurait
facilement raison d'une minorité turbulente, dont
l'intervention ne devait pas gâter la cause du vrai
peuple, la plus juste et la plus sainte des causes. Mais
la plupart des gens prudents restèrent sourds à ces
remontrances. La peur des rouges les glaçait, les stu-
péfiait. Plutôt que de s'exposer à faciliter la victoire
de ce parti, ils étaient disposés à tout accepter.

Il en résulta que la majeure partie de la population
resta inactive. Les troupes obéirent avec la ponctua-
lité qu'on doit attendre de la discipline militaire. Les
troubles furent réprimés et donnèrent lieu à de hi-
deuses vengeances. On massacra beaucoup plus d'individus qu'il n'y avait eu de combattants. Puis, les
conseils de guerre condamnèrent à mort où à la dé-
portation un grand nombre d'individus qui n'étaient
que suspects d'avoir sympathisé avec les insurgés. On
purgea ainsi le pays de tout ce que le parti républicain avait d'hommes énergiques. On se flatta, par là,
de faciliter la tâche au gouvernement monarchique.

La terreur fut générale, comme après le 2 décembre 1851. Personne n'osait prononcer tout haut le mot
de République. On englobait dans la même réprobation tous ceux qui étaient connus pour avoir soutenu
des opinions favorables à la démocratie; on les trai-
tait de communards, de pétroleux, d'assassins des
otages. Un grand nombre de bons citoyens furent obligés de se cacher dans des retraites éloignées ou d'aller chercher la sécurité à l'étranger.

Quand le gouvernement jugea qu'il avait suffisam-
ment épuré le pays, une députation des membres de
l'Assemblée se rendit à Frosdhorf, pour apporter sa
déclaration. L'Assemblée s'était bien gardée de proclamer Henri V, car c'eût été lui faire injure que de

l'élire. Le prince tenait de Dieu et de sa naissance son droit complet, absolu, auquel personne ne pouvait rien ajouter. On ne pouvait non plus lui proposer une charte ou une constitution; c'eût été lui dicter des conditions. C'était, au contraire, au roi à octroyer, comme une grâce, celles qu'il jugerait convenables.

Le prince reçut avec bonté les hommages que lui apportaient ses fidèles sujets. Il annonça que, sous peu de jours, il ferait son entrée dans son royaume.

Il se fit précéder d'une proclamation dans laquelle il prenait un ton paternel. Il avait gémi des malheurs que s'était attirés la France en s'éloignant de ses princes légitimes, seuls appelés par Dieu à la gouverner. Il pardonnait aux égarés, et il rentrait bien décidé à guérir les plaies causés par les excès de la Révolution. Il n'avait pas d'autre souci que de travailler au bonheur de ses peuples. Il leur apportait la paix, la concorde, la vraie liberté, et il ramenait la religion.

Il datait de l'an 44ᵉ de son règne. Car ce règne avait commencé le 29 juillet 1830, jour où son grand-père Charles X avait abdiqué en sa faveur. Pendant les 44 ans qui s'étaient écoulés depuis, il avait été roi de droit, sinon de fait, et tout ce qui avait été fait en son absence était radicalement nul.

Il se rendit à Calais pour faire son entrée en France. De là, il alla, sans s'arrêter, jusqu'à Paris, où on lui avait ménagé une réception pompeuse. Toutes les autorités vinrent au-devant de lui. Le président de l'Assemblée le harangua, et déclara terminée la session du corps qu'il représentait. Le préfet lui remit les clefs de la ville sur un plat de vermeil. Les troupes étaient rangées sur son passage. Les cloches de toutes les églises sonnaient à pleine volée. Toutes les maisons étaient ornées de drapeaux blancs fleurdelisés, avec des inscriptions, en vers et en prose, dans lesquelles on souhaitait longue vie et glorieux règne à notre bon roi, au digne fils de saint Louis et d'Henri IV, etc.

Le roi voulut, avant tout, aller remercier Dieu des faveurs miraculeuses qu'il avait reçues de lui. Le cortége se rendit à Notre-Dame. La métropole était splendidement décorée; tous les évêques de France y étaient réunis. L'archevêque encensa le roi, lui offrit l'eau bénite, et lui adressa un superbe discours, dans lequel il rappela que le clergé avait toujours conservé au fond du cœur le culte de la légitimité, avait constamment travaillé à maintenir daus les populations les saines traditions, avait adressé au ciel de ferventes prières pour l'auguste dynastie à laquelle Dieu a confié le gouvernement du royaume. Il saluait comme un bienfait visible de la Providence l'événement inespéré qui, après tant de tempêtes, permettait au descendant de nos rois de réparer nos désastres. Il indiquait clairement la conséquence, c'est que le roi devait tout au clergé et ne pouvait s'acquitter de sa dette de reconnaissance qu'en lui laissant la haute direction des affaires, en ne consultant, sur toutes choses, que les intérêts sacrés de la religion.

Après le *Te Deum*, le cortége se rendit à l'Elysée. C'était le seul palais disponible; il fallait bien s'en contenter, en attendant mieux. Mais, dès le jour même, on donna des ordres pour commencer la reconstruction des Tuileries et pour presser vivement les travaux.

Dès le lendemain, le roi promulgua sa charte. Elle était impatiemment attendue; on se demandait quelle serait l'étendue des concessions faites par un prince qui passait pour entiché d'absolutisme.

Henri V avait d'abord songé à remettre en vigueur la charte octroyée, en 1814, par Louis XVIII. Mais ses conseillers intimes lui signalèrent quelques défauts, et lui rappelèrent que son grand-père Charles X avait été obligé d'y porter remède par les ordonnances de 1830. Il ne fallait pas s'exposer à recourir au même expédient, qui avait eu une si malheureuse issue. On retoucha donc avec soin l'ancienne charte, dont on fit une édition expurgée.

Le préambule était à peu près le même. Le roi rappelait que ses ancêtres avaient toujours travaillé au bonheur de leurs. sujets et leur avaient accordé, suivant les époques, toutes les libertés qu'ils pussent supporter ; on citait avec éloge Louis le Gros, saint Louis, Henri II et Louis XIV ; c'étaient là les véritables pères de la liberté. Et il était bien entendu que tout ce qui venait de la Révolution, découlait d'une source empoisonnée et ne pouvait être que pernicieux.

Le roi ne s'expliquait pas sur l'ordre de succession au trône, sur l'âge de la majorité du roi, sur la régence. Il était censé se référer à la tradition.

Le pouvoir législatif était exercé conjointement par le roi, par la Chambre des pairs et par la Chambre des députés.

Les pairs de France étaient nommés par le roi, héréditaires et en nombre illimité.

Les députés des départements étaient élus suivant les formes et conditions qui seraient déterminées. Leurs fonctions sont gratuites.

On renouvelait l'article 14 de la Charte de 1814, d'après lequel le roi peut toujours faire des règlements et prendre les mesures qu'il jugera nécessaires pour la sûreté de l'État. C'était, en réalité, une réserve de dictature pour les cas où le roi ne pourrait s'entendre avec les Chambres. C'est en vertu de cet article, que Charles X avait fait ses ordonnances de 1830.

Les libertés publiques étaient reconnues, *mais*

avec des restrictions au moyen desquelles on pouvait toujours les rendre illusoires.

Ainsi, la liberté individuelle est assurée. *Cependant* les individus peuvent être arrêtés par mesure de sûreté générale, en vertu d'un ordre délibéré en conseil des ministres. Cette dernière garantie est un peu faible ; mais il faudra bien s'en contenter.

Tout citoyen peut publier librement ses opinions par la parole et par la presse, *mais* à la charge de se conformer aux lois qui préservent la société des excès de cette liberté.

La religion catholique est la religion de l'État et reçoit seule des subventions du Trésor public.

Les autres religions sont permises, *mais* pourvu que leurs sectateurs se conforment aux règlements qui seront faits afin d'éviter la licence.

Enfin, jusqu'à la prochaine réunion des Chambres, le roi se réserve le plein exercice de la puissance législative.

Quelques jours après, le roi publia simultanément une série d'ordonnances preparées d'avance, et qui complétaient la Charte.

Élections. — Le suffrage universel s'étant implanté dans les mœurs et ayant acquis une certaine popularité, on crut prudent de le conserver en apparence. Il ne s'agit que de s'entendre. Le suffrage universel, exercé dans sa plénitude, est anarchique, désorganisateur ; c'est la *souveraineté du nombre*, le règne de la *vile multitude.* Mais, dès qu'il est réglementé, il devient excellent. On décida que tout Français, âgé de 21 ans et jouissant de ses droits civiques, est membre de l'assemblée cantonale du lieu où il a son domicile. Les membres de ces assemblées se réunissent, une fois tous les dix ans, pour nommer des électeurs en nombre égal au millième du nombre des votants ; ils ne peuvent porter leurs suffrages que sur des citoyens âgés de 30 ans et payant au moins 150 francs d'impôts directs. Si, dans l'intervalle de dix ans, il survient des vides dans le tableau des électeurs ainsi nommés, il n'est pas pourvu au remplacement des membres rayés par suite de décès ou pour autre cause.

Il y a des colléges électoraux d'arrondissement et des colléges de département :

Sont membres des colléges d'arrondissement :

1° Les électeurs nommés par les assemblées de canton ;

2° Les citoyens âgés de 30 ans, et inscrits au rôle des contributions directes pour 300 francs au moins ;

3° Les membres de la Légion d'honneur et des autres ordres royaux rétablis, c'est-à-dire des Ordres du Saint-Esprit, de Saint-Louis, de Saint-Michel, etc.

Les colléges d'arrondissement élisent chacun un nombre de candidats égal au nombre des députés à élire par le département.

Les colléges de département se composent :

1° Des électeurs les plus imposés du département, formant le quart du nombre total ;

2° Des prêtres catholiques.

Les membres des colléges de département votent dans les colléges d'arrondissement.

Chaque collége de département élit les députés du département, en en prenant au moins moitié sur les listes de candidats dressées par les colléges d'arrondissement.

Le préfet dresse les listes électorales. Toutes réclamations en matière d'élections sont jugées par les Conseils de préfecture.

Nul ne peut être élu député s'il n'est âgé de 40 ans au moins et s'il n'est inscrit au rôle des contributions directes pour 1,000 francs au moins.

Presse. — Nul ne peut exercer les professions d'imprimeur, libraire, lithographe, photographe, distributeur ou colporteur, s'il n'est pourvu d'un brevet délivré par le ministre de l'intérieur. Le brevet peut être retiré à tout titulaire qui aura été condamné pour contravention aux lois de sa profession ou qui aura gravement manqué à ses devoirs.

Nul écrit, dessin, gravure, lithographie, photographie ne peut être publié, distribué, mis en vente, s'il n'a été approuvé par la censure. Toute personne qui aurait à se plaindre de la décision des censeurs, pourra se pourvoir devant une commission composée de trois pairs de France, trois députés et trois conseillers d'État, tous nommés par le roi

Les délits de presse sont déférés aux tribunaux de police correctionnelle,

Liberté individuelle. — Toute personne arrêtée par mesure de sûreté générale peut adresser ses réclamations à une commission composée de trois pairs de France, trois députés et trois conseillers d'État, tous nommés par le roi. Cette commission pourra, si elle le juge convenable, transmettre ses observations au roi qui décidera en conseil des ministres.

Liberté religieuse. — Elle est reconnue, sauf application des articles 291 et suivants du Code pénal, d'après lesquels aucune réunion de plus de 20 personnes ne peut être tenue sans la permission de la police.

Le roi rétablit la loi du sacrilége (du 20 avril 1825), décrétée sous Charles X, d'après laquelle la profanation des hosties consacrées est punie de la peine de mort, précédée de l'amende honorable devant la principale église du lieu où le crime a été commis.

Communautés religieuses. — Toutes communautés religieuses d'hommes et de femmes peuvent être autorisées par le gouvernement. Les communautés autorisées peuvent posséder et acquérir des meubles et des immeubles, sans avoir besoin d'aucune autorisation.

Les biens appartenant aux établissements ecclésiastiques et aux communautés religieuses, sont exempts de tout impôt.

Par ordonnance du même jour, ont été autorisées les congrégations des jésuites, dominicains, capucins, maristes, chartreux, trappistes et quelques autres.

Jury. — L'institution du jury est conservée et ramenée aux dispositions du code d'instruction criminelle, c'est-à-dire que le préfet dresse la liste des jurés, sur laquelle sont tirés au sort, pour chaque session, les jurés de service. La loi détermine les genres de crimes, qui seront déférés aux cours prévôtales, jugeant sans jury.

Majorats, droit d'aînesse. — Le roi rétablit les majorats et décrète le droit d'aînesse, conformément à la proposition qui avait été faite par les ministres de Charles X, c'est-à-dire que, dans toute succession directe de laquelle dépendent des immeubles supportant un total d'impôts d'au moins 1,000 francs, l'aîné des fils hérite de la portion disponible et vient au partage pour le surplus, à moins que le défunt n'ait fait des dispositions contraires.

Ces ordonnances produisirent un amer désenchantement. Ceux qui avaient espéré que le nouveau roi transigerait avec les idées du siècle, furent découragés, abattus. C'était la contre-révolution victorieuse ; et, d'après l'esprit qui avait présidé à toutes ces mesures, on pouvait s'attendre à des lois encore plus déplorables. Il était évident que c'était le parti clérical qui dominait. Il n'en était qu'à son coup d'essai ; il allait marcher résolument dans la même voie et replonger la France en plein moyen âge.

Cependant il y eut encore des optimistes qui cherchèrent à s'étourdir sur la situation, qui pensèrent que ces lois, dans l'application, ne seraient pas aussi mauvaises qu'on se le figurait. La Charte reconnaissait une partie des principes de 89, bien qu'amoindris et défigurés. Il fallait, disaient-ils, s'en contenter provisoirement, s'attacher à ce que la Charte contenait de bon, et travailler à l'améliorer par les moyens légaux.

Ces endormeurs s'étudiaient à calmer les inquiétudes, à inspirer une confiance qu'ils n'éprouvaient guère. Ils se donnèrent le titre de libéraux, ils cherchèrent à faire de la charte un pivot d'opposition, comme sous la Restauration. Leur cri de ralliement était *Vive la Charte!* Il exprimait des prétentions bien timides, bien modestes, c'était d'arrêter le mouvement rétrograde et de regagner tout doucement, avec le concours du gouvernement, une partie du terrain perdu.

Les fougueux royalistes, auxquels on donna, comme à leurs ainés, le nom d'*Ultra*, repoussaient avec colère ces tendances qu'ils traitaient de factieuses. Selon eux, le roi avait été trop bon en accordant la Charte; c'était plus que ne méritait la France toujours indisciplinée, ingouvernable, prête à se soulever. Il lui fallait une main de fer. Ils espéraient bien que le roi ne tarderait pas à se débarrasser de l'attirail constitutionnel et par régner seul et sans partage, comme ses glorieux ancêtres.

Le clergé était dans la joie. Il avait obtenu le roi de son choix, qui n'agissait que par ses conseils et sous son inspiration. Il était encore loin du but qu'il se proposait; mais il sentait qu'il fallait agir avec prudence et pas à pas. Il était maître du gouvernement. Il avait la main dans toutes les administrations; il n'avait qu'à user des moyens mis à sa disposition pour façonner la France à son gré, pour en faire le peuple le plus soumis que l'Église ait jamais tenu sous sa houlette.

Il fit écarter de toutes les fonctions publiques, même les plus modestes, les protestants, les israélites, ainsi que les libres-penseurs connus par la hardiesse de leurs opinions en matière de religion. Nul ne pouvait obtenir d'emploi, s'il n'était recommandé par son curé. Il ne suffisait pas d'être catholique de nom, il fallait pratiquer, suivre les offices, aller à confesse et communier. La fonctionomanie en France a fait de tels progrès, que la majeure partie des hommes un peu éduqués aspire aux fonctions publiques et ne voit d'honorable que cette carrière. Cette organisation servit admirablement les desseins du clergé. Tous les bourgeois qui voulaient occuper quelque emploi, obtenir des bourses, faire admettre leurs enfants dans les écoles du gouvernement, s'affubler de quelque titre ou décoration honorifique, se crurent obligés de remplir des conditions sans lesquelles toute faveur était impossible. Ils enchérirent de dévotion, c'était à qui distancerait ses rivaux; quand l'un se contentait de communier à Pâques, son rival approchait chaque semaine de la sainte table, prenait des airs de componction, se frappait la poitrine, levait béatement les yeux vers le ciel. Il se forma une myriade de congrégations sur le modèle de celle de Saint-Vincent-de Paul ; c'était l'association des enfants de Marie, celle du Sacré-Cœur, celle du cordon de Saint-Joseph, celle de Saint-Ignace, de Saint-Pancrace, etc. On courait s'y affilier, on en portait ostensiblement les insignes. Beaucoup de gens avaient toujours leur chapelet à la main.

L'hypocrisie devint générale. Les convictions religieuses étaient restées stationnaires et avaient plutôt tendu à décroître. Bien des gens étaient indignés de l'abjection à laquelle ils étaient condamnés, maudis-

saient ntérieurement le parti jésuitique. Mais il fallait
faire son chemin, avoir une position, placer ses enfants. On se résignait à prendre un masque, à aduler,
à encenser ceux qui disposaient de tout. On se faisait
de la duplicité une seconde nature, et l'on finissait
par y être tellement dressé qu'on l'exécutait avec ai-
sance et sans remords. Il était admis qu'on ne doit
pas avoir d'autre opinion que celle du Gouvernement,
et que, pour parvenir aux places, tous les moyens
sont légitimes et même honorables.

L'éducation fut mise tout entière entre les mains
du clergé. On supprima comme inutiles l'école d'A-
thènes, l'école des Chartes, les écoles normales. Les
places de proviseur et de professeur dans les lycées
ne furent données qu'à des ecclésiastiques. L'instruction primaire fut confiée exclusivement aux bons frères et aux bonnes sœurs. Les instituteurs laïques furent destitués et même persécutés. On laissa tomber
beaucoup d'écoles de campagne. Il n'était pas nécessaire que le peuple fût instruit; il lui suffit de savoir
ce que le curé enseigne au catéchisme. Quand on est
bon chrétien, on en sait toujours assez.

Le gouvernement fit une épuration des monuments
et des noms des rues. Une bande de fanatiques, encou-
ragés par la police, renversa la statue de Voltaire, la
traîna dans la boue, comme l'avait demandé Veuillot,
et en jeta les débris à la voirie de Montfaucon. On fit
aussi disparaître les statues de J.-J. Rousseau, de
Pascal, coupable d'avoir attaqué les Jésuites, de
Descartes, coupable d'avoir préparé la voie aux phi-
losophes, de Boileau auquel on ne pardonnait pas les
plaisanteries du *Lutrin*, et même de Bossuet dont le
gallicanisme était taxé d'hérésie. On martela le magnifique fronton du Panthéon, dû au ciseau de David,
et on mit à sa place un bas-relief où était portraictu-
rée Sainte-Geneviève désarmant Attila. On rasa la

colonne de Juillet, qui se dressait audacieusement comme la glorification de la Révolution, et l'on éleva sur le sol une chapelle expiatoire. On effaça des rues les noms des grands hommes dont on proscrivait les images. Mais, comme compensation, on eut la rue de Sacré-Cœur, le quai Marie-Alacoque, le boulevard Saint-Ignace, l'avenue Pie IX, la place du Syllabus, le square de l'Immaculée Conception.

La police fut habilement organisée. Le directeur général était un pair de France offrant toutes les garanties désirables; mais ce n'était pas encore la perfection du genre. On lui adjoignit comme *socius* un Jésuite qui, sans avoir de titre officiel, exerçait une haute surveillance. Ce saint homme portait l'habit laïque, pour ne pas exciter de soupçons; il avait l'air bonhomme, le petit mot pour rire. Nul n'était plus fin, ne possédait mieux l'art de découvrir les secrets, de dépister les intrigues. Par ses innombrables correspondants, il était au courant de tout ; il possédait les renseignements les plus circonstanciés sur les habitants, leur caractère, leurs habitudes, leurs fréquentations, leurs lectures. Souvent il contrôlait les rapports des ministres, il arrêtait les nominations préparées, il signalait les dévouements suspects, il rendait compte de propos tenus dans l'intimité.

Il avait pour auxiliaire le *cabinet noir* où un grand nombre de lettres étaient décachetées. Rien n'échappait à la vigilance de ce terrible argus.

Quelques personnes, ne pouvant supporter un tel régime, se réunissaient en petit comité pour causer à cœur ouvert, pour se communiquer leurs réflexions douloureuses, leurs regrets, leurs espérances. La police les fit espionner, eut connaissance de fragments de conversation. Des individus, dont les propos avaient été enregistrés, furent arrêtés par mesure de sûreté générale et séquestrés dans des forteresses. Ils adresserent des réclamations à la commission des Neuf, et, bien entendu, ils ne reçurent jamais de réponse.

Ceux qui étaient atteints par ces mesures de rigueur, étaient des libres-penseurs qui ne demandaient rien au gouvernement, et qui croyaient user de leur droit en ne pratiquant pas une religion à laquelle ils ne croyaient pas. On leur faisait expier leur incrédulité. Ces exemples réitérés produisaient l'intimidation. On ne pouvait se méprendre sur les motifs de ces arrestations **extra-judiciaires**. Tout le voisinage remarquait que tel individu arrêté ne mettait jamais le pied à l'église. La plupart de ceux qui y faisaient attention, n'avaient pas plus de foi que celui dont la disparition les avait frappés. Mais ils se disaient à eux-mêmes : «Sans doute, il est malheureux que ce pauvre homme soit emprisonné parce qu'il ne va pas à la messe. On ne devrait pas le punir de ce qu'il refuse de faire une chose qui est contre sa conscience. Mais, aussi. pourquoi se singularise-t-il? Pourquoi ne fait-il pas comme tout le monde? Il devait bien savoir que le clergé est plus fort que lui. »

On n'osait plus s'épancher dans le sein de l'amitié ; on craignait toujours quelque indiscrétion compromettante, quelque trahison. On se défiait de tout le monde. Le caractère s'abaissait, s'avilissait de plus en plus

Deux ans s'étaient écoulés depuis l'avénement d'Henri V. Le parti clérical avait mis à profit cet intervalle et s'applaudissait de ses succès. Mais il en était un plus grave qu'il avait été obligé d'ajourner, à son grand regret; c'était le rétablissement du pouvoir temporel du pape. C'était là son vœu le plus ardent. Dès 1871, il avait fait de l'agitation en se lamentant sur la prétendue captivité du Saint-Père ; il avait excité la commisération des ouailles, recueilli d'elles d'abondantes aumônes pour adoucir l'infortune de l'auguste prisonnier. Il avait multiplié les pétitions pour que le gouvernement français fît une intervention diplomatique dans l'intérêt du Saint-Siége. Ses efforts avaient été repoussés.

Maintenant il se croyait en mesure d'exécuter son grand projet. Le roi y donnait son approbation. Le conseil des ministres éprouvait encore quelque hésitation; car on ne pouvait se dissimuler que la France était loin d'avoir réparé ses pertes, qu'elle aurait à lutter contre le royaume italien qui disposait de forces considérables et d'une armée parfaitement aguerrie. De plus, on pouvait être certain que l'empire allemand soutiendrait l'Italie et saisirait avidement l'occasion de porter de nouveaux coups à la France. La partie serait donc fort inégale. L'entreprise n'avait aucune chance de succès ; et, en cas de défaite, on devait s'attendre aux calamités les plus effroyables; c'était la ruine de la France.

Mais les chefs les plus influents du clergé ne s'arrêtaient pas à ces considérations. C'était d'un *cœur léger* qu'ils jouaient les destinées de leur pays. L'Église était leur vrai patrie ; pour elle ils étaient prêts à sacrifier la France. On décida le roi à se défaire d'un ministère qu'on accusait de tendances quasi-libérales. Il forma un cabinet complétement pur, composé de cléricaux renforcés.

Pour préparer l'exécution, on détermina le roi à se faire sacrer. Cette cérémonie avait été différée par divers contre-temps Elle eut lieu à Reims, suivant l'usage antique et solennel. On employa la Sainte Ampoule qui n'avait pas servi depuis le sacre de Charles X, en 1825. Le roi, pour recevoir l'onction sainte, se prosterna aux pieds de l'archevêque qui se donna la satisfaction de le laisser quelque temps dans cette position humiliante, afin de constater l'infériorité du souverain temporel devant l'autorité ecclésiastique.

Le prélat, après avoir rempli les formalités accoutu-
mées, prononça un discours étudié en vue de l'événement qui se préparait. Il salua le roi des titres de *roi
très-chrétien* et de *fils aîné de l'Eglise*, et insista sur
les obligations que lui imposaient ces qualifications ;
son premier devoir est de mettre son pouvoir au service de l'Eglise ; l'épée bénite qui lui est confiée, doit
servir à combattre les ennemis de Dieu, à faire régner
la justice, à renverser les spoliateurs et les usurpa-
teurs ; et jamais plus belle occasion ne s'est présentée d'accomplir cette noble tâche, que quand il
s'agit de faire cesser l'oppression et la captivité du
chef de l'Eglise universelle, du vicaire de Jésus-
Christ Il devait suivre les exemples de Pépin le Bref
et de Charlemagne.

Le roi prononça la formule de serment contenue
au Rituel, et par laquelle il jure d'exterminer les
hérétiques et d'en purger son royaume. Il jura aussi
d'observer fidèlement la Charte constitutionnelle,
qui promet la liberté des cultes. Ces deux serments
sont inconciliables. Mais l'Eglise se chargeait de la
conciliation. Le prince, qui lui abandonne la direction
de sa conscience, ne devait éprouver aucun embarras.

Peu de temps après, le Gouvernement français
adressa au roi d'Italie une note longuement dévelop-
pée, par laquelle il rappelait que le pouvoir temporel
du pape avait été admis comme un article essentiel de
la politique européenne, que toutes les puissances l'a-
vaient garanti d'un commun accord, que chacune
pouvait donc exiger l'exécution des traités; le roi
d'Italie n'avait pu légitimement s'emparer de ces
Etats. D'ailleurs, l'existence de l'Etat pontifical était
indispensable pour l'exercice de l'autorité spirituelle
du souverain Pontife. Enfin elle était nécessaire à l'é-
quilibre européen. On invitait donc le roi d'Italie à

évacuer ces Etats et à les restituer à leur prince légitime, au vénérable Pie X.

En Italie, il y eût une explosion générale d'indignation à la réception de cette dépêche. On la trouvait tellement insensée que bien des gens refusaient d'y croire et pensaient que c'était une invention des nouvellistes. Les ministres en donnèrent officiellement connaissance au Parlement. C'était bien sérieusement qu'on faisait, à une grande puissance, cette étrange sommation. Les deux Chambres déclarèrent à l'unanimité qu'il ne fallait en tenir aucun compte, et que le Gouvernement devait se préparer à repousser l'agression dont on était menacé.

Le Gouvernement de Victor-Emmanuel fit une réponse polie, mais ferme; déclara que les Etats romains avaient été annexés d'après le vœu des populations, régulièrement exprimé, que cette incorporation était conforme au droit naturel qu'a un peuple de se choisir une forme de gouvernement, qu'il y avait eu unification des diverses parties de l'Italie, et qu'à aucun prix elle ne consentirait à être démembrée.

Les ministres français s'attendaient à cette réponse. Et cependant elle les jeta dans un cruel embarras. Avant de précipiter leur pays dans les hasards d'une guerre dont l'issue pouvait être désastreuse, ils se sentaient comme paralysés. Ils n'osaient prendre la responsabilité d'un acte aussi grave. Ils avaient cependant été nommés avec la mission spéciale de déclarer la guerre, et le roi les y encourageait. Il fallut, pour les y déterminer, que le clergé recourût anx grands moyens.

Dans plusieurs sanctuaires célèbres, les madones donnèrent des signes visibles de mécontentement. Celle de Fourvière pleurait tous les matins, de 7 à 8 heures. A Chartres, la vierge du Pilier suait du sang, tandis que celle de Souls-Terre remuait les yeux, ce qui lui donnait un air farouche. A Lourdes, tous les

jours, à midi sonnant, la vierge élevait un doigt et le
dirigeait vers une panoplie suspendue au mur de la
chapelle, ce qui indiquait évidemment des intentions
guerrières. Mais voici qui parut bien plus fort. On venait d'inaugurer, sur la butte Montmartre, l'église
dédiée au Sacré-Cœur, destinée à faire expier à la
France le crime d'avoir abandonné la cause du Saint-
Père. Sur le maître-autel était un cœur saignant, d'un
mètre de hauteur : ce cœur, qui était en bois peint, se
déchira en deux parties égales, les deux morceaux
tombèrent sur la nappe de l'autel et l'ensanglantèrent.

Ces miracles furent attestés par de nombreux té-
moins, et les procès-verbaux revêtus des signatures
de hauts personnages, parurent dans les journaux qui
tous étaient ministériels. La presse indépendante avait
disparu ; il n'y avait aucun moyen de démentir ou de
contrôler ces récits. Il y aurait eu du danger à les nier
ou à s'en moquer. On y crut ou l'on fit semblant d'y
croire. Quelques fanatiques s'en emparèrent, comme
de manifestations éclatantes de la volonté divine. Plus
de doute, Dieu veut la guerre, *Diex el volt.* C'était bien
d'une croisade qu'il s'agissait. Des légions de pèlerins
s'organisèrent pour aller visiter les sanctuaires où
s'accomplissaient ces prodiges, et criaient à tue-tête :
*Vive le pape-roi ! A bas les impies ! Guerre aux spo-
liateurs !*

Les ministres, pressés par la faction la plus exaltée,
cédèrent avec douleur, prévoyant les malheurs qu'ils
allaient attirer sur leur pays. Ils envoyèrent au gouvernement italien une note plus raide que la première ;
ce n'était plus une invitation, c'était une réquisition.
Le Gouvernement italien, quoique blessé dans sa dignité, évita de mettre les torts de son côté et fit une
réponse qui confirmait la première, mais conçue dans
les termes les plus courtois, et termina en exprimant
le désir que la paix ne fût pas troublée, en rappelant

les liens d'amitié qui avaient uni deux grandes nations.

Cette réponse augmenta la perplexité des ministres français. Ils auraient préféré un langage acerbe et agressif, qu'ils anraient pu regarder comme une insulte et qui eût justifié la déclaration de guerre. On les mettait dans l'obligation de prendre l'offensive, et ils étaient honteux du rôle qu'ils allaient assumer.

L'inquiétude était générale dans les populations. On blâmait une guerre déraisonnable, sans grief avouable, qui n'était motivée que par l'intérêt particulier du clergé ; on était extrêmement mécontent ; il se manifestait partout des symptômes menaçants. Les meneurs crurent que le moment était venu de surexciter le fanatisme des masses ignorantes et d'enchérir sur le stratagême des pèlerinages.

On multiplia les miracles, et l'on eut recours à une mise en scène propre à émouvoir. Dans toutes les villes, on fit des processions pour obtenir du ciel la délivrance du Saint-Père qui était censé gémir dans un sombre cachot. Des moines de toutes couleurs défilaient chantant d'un ton lugubre des litanies ; des frères de la Croix portaient des effigies colossales du Christ nu, livide, exhibant ses plaies. A chaque station, des prédicateurs faisaient des sermons en termes violents, gesticulaient avec force, faisaient appel à la piété des fidèles. La cérémonie se terminait par un coup de théâtre : des plaies figurées sur le cadavre, le sang jaillissait avec abondance. A la vue de ce prodige, les hommes poussaient des cris déchirants, les femmes sanglotaient, les enfants pleuraient à chaudes larmes. Plus de doute : c'était Jésus-Christ qui répandait son sang pour nous exciter à répandre le nôtre ; il nous reprochait notre tiédeur et notre indifférence en présence des plaies dont était transpercée son Eglise ; il voulait la guerre aux ravisseurs, aux loups dévorants. Des processions s'arrêtèrent sous les fenêtres des ministres ; il y eût des vociférations. Refuser de faire la guerre, c'était s'associer avec les ennemis de Dieu.

Les ministres, malgré leur attachement au parti clérical, ne cédèrent qu'à regret. Cependant, avant d'en venir aux hostilités, ils essayèrent de trouver des alliés. Ils ne pouvaient s'adresser aux puissances mahométanes, hérétiques ou schismatiques. Parmi les puissances catholiques, il y en avait bien peu qui offrissent des chances favorables. L'Espagne, après une longue guerre civile, était parvenue à consolider sa république, et sa plus grande préoccupation était de se préserver de l'influence néfaste du clergé qui avait alimenté l'insurrection carliste. La Bavière, le Wurtemberg et le grand-duché de Bade, étaient incorporés à l'empire allemand et suivaient la politique prussienne. La Belgique, en sa qualité de puissance secondaire, gardait une stricte neutralité, comme condition de la garantie de son indépendance par les grandes puissances. Le Portugal avait les mêmes raisons de se tenir en dehors des conflits. Restait l'Autriche. Quand l'ambassadeur français proposa à cette puissance une alliance dans le but de restaurer le pouvoir temporel du pape, il fut éconduit péremptoirement ; le ministre autrichien eut besoin de toute la gravité acquise dans l'exercice des fonctions diplomatiques, pour ne pas éclater de rire au nez de l'envoyé français. Dans toute l'Europe, la France fut l'objet de la raillerie universelle. On n'éprouvait, pour elle, aucune pitié ; on la regardait comme une nation décrépite, tombée aux mains d'une poignée de vieillards en enfance.

Un incident vint compliquer la situation. L'ambassadeur allemand déclara au gouvernement français que l'Empire prenait fait et cause pour son allié, le roi d'Italie ; cependant l'empereur offrait sa médiation et

assurait qu'il ferait son possible pour éviter la guerre
mais, si elle avait lieu, toutes les forces de l'Allemagne
seraient employées pour secourir l'Italie.

Si les ministres avaient écouté la voix du patrio-
tisme, ils se seraient arrêtés en présence d'une telle
déclaration. Il était évident que persister à faire la
guerre, c'était vouloir la ruine de la France. Mais les
jésuites étaient inflexibles, il fallait leur obéir. On posa
au gouvernement italien un ultimatum par lequel il
était signifié que, si les Etats pontificaux n'étaient
pas évacués sous un mois, les hostilités commence-
raient.

Le clergé fit tout ses efforts pour stimuler l'esprit
guerrier. Les prédicateurs firent partout des sermons
belliqueux, déclaraient qu'ils étaient sûrs de la victoire, que le Dieu des armées (*Deus sabaoth*) combat-
trait pour eux, que de nombreux miracles étaient un
gage certain du succès. On chanta une *Marseillaise*
dévote. On fit une cérémonie solennelle de la bénédiction des drapeaux, et les journaux ultra-cléricaux
certifièrent que cet acte de piété valait à la France
plus qu'un secours d'un million d'hommes.

Les alliés avaient des forces supérieures. L'Allemagne mit sur pied 800,000 hommes, et l'Italie
450,000. La France n'avait à opposer que 400,000,
c'est-à-dire un peu moins du tiers. L'armement, du
côté de la France, laissait beaucoup à désirer. Une
grande partie des fonds votés pour l'artillerie avaient
été détournés de leur destination et avaient servi à doter
les régiments de petites chapelles portatives, à sub-
ventionner les aumôniers et à entretenir des missions
lointaines. Plusieurs des généraux n'avaient pas d'autre
titre que les recommandations des évêques et des
jésuites, et brillaient plus par la dévotion que par la
capacité militaire. Mais chaque régiment était muni
de trois aumôniers ; les soldats entendaient la messe

tous les matins et portaient sous leur uniforme la mé-
daille, dûment bénite, de l'Immaculée-Conception, qui
devait les rendre invulnérables.

Deux grandes batailles eurent lieu le même jour :
l'une en Piémont contre les troupes italiennes, et
l'autre en Lorraine contre les troupes allemandes.
Dans la première, la victoire fut indécise, et les résul-
tats à peu près nuls. Mais, dans la seconde, la victoire des Allemands fut écrasante et décisive. L'ennemi était en mesure de marcher sur Paris et d'imposer
ses conditions. L'empereur d'Allemagne annonçait
l'intention de ne pas traiter avec Henri V, mais de
soumettre la France entière et de la découper en petites principautés.

Le roi et ses conseillers étaient atterrés. Ils se
voyaient hors d'état de continuer la lutte. Si Henri V
était détrôné, l'Eglise perdait son dernier champion,
le papisme était abattu sans retour. En transigeant
avec l'ennemi, on conservait l'espoir d'une revanche,
le clergé aurait encore une forteresse d'où il pourrait
s'élancer à la conquête du monde.

On entra donc en négociation. Le vainqueur ne put
dissimuler le mépris que lui inspiraient des hommes
d'Etat assez pusillanimes pour se livrer à discrétion
sans avoir épuisé tous leurs moyens de défense. Il
faisait un rapprochement avec 1870-71 : alors le gouvernement de la défense nationale n'avait cédé que
devant l'impérieuse nécessité, et après avoir fait usage
de ses dernières ressources.

Il dicta ses conditions. Elles étaient fort dures ;
mais le roi, pourvu qu'on lui laissât son trône, était
décidé à accepter la paix à tout prix.

La France fut obligée de céder à l'Allemagne : la
partie de la Lorraine restée française en 1871, plus la
Franche-Comté et la Champagne ; à la Suisse, le territoire faisant autrefois partie de l'évêché de Bâle ; à

l'Italie, la Savoie, le comté de Nice, le département du Var et la Corse; à la Belgique, les départements du Nord et du Pas-de-Calais. Elle fut condamnée en outre à raser les fortifications de Paris, et à payer une indemnité de guerre de deux milliards.

Ses pertes ne devaient pas s'arrêter là.

A la nouvelle de la déclaration de guerre, le pape et tout son entourage avaient fait éclater une joie délirante; le Saint Père avait lancé une bulle par laquelle il excommuniait tous ceux qui résisteraient à l'armée de ses libérateurs; il sommait les Italiens de se joindre à eux, et il promettait indulgence plénière à ceux qui déserteraient leur drapeau.

Le gouvernement de Victor-Emmanuel avait supporté patiemment, depuis 1870, toutes les incartades de la cour pontificale, ses déclamations furibondes, ses malédictions quotidiennes, et n'avait opposé à ce déluge d'invectives que le silence du dédain. Mais, en présence d'une hostilité ouverte, qui se manifestait par l'appel à la trahison, il dut prendre des moyens de défense. Il aurait été dans son droit en se saisissant de la personne du pontife. Il se contenta de le sommer de déguerpir. Le pape, à qui le rôle de martyr convenait à merveille, fut enchanté de pouvoir se dire fugitif, proscrit, pauvre, exilé. Une flotille française l'attendait à Civita-Vecchia. Il s'embarqua avec toute sa cour, ses archives, les reliques les plus précieuses; et il se fit conduire à Marseille. La terre de France était la seule qui pût lui offrir un asile tel qu'il le désirait.

Ce fut un grand événement que son arrivée en France. Les bons catholiques étaient ivres de joie et ne pensaient plus à la guerre. Les désastres qui survinrent peu de temps après, le honteux traité de démembrement, tout était oublié. On ne pouvait se lasser de contempler le vicaire de Jésus-Christ, de baiser ses pieds, de demander sa bénédiction. Il semblait que la France était trop heureuse, en perdant ses provinces, de gagner un tel trésor.

Le roi Henri, aussitôt qu'il eut signé le traité, accourut trouver le pape, et fut heureux de s'entretenir avec lui. Il se mit à sa disposition, lui offrit ses richesses, son royaume, ses sujets, sa personne.

Le Saint-Père remercia humblement. Il n'était qu'un pauvre voyageur, il lui suffirait d'une cabane. Le roi insista, voulut que provisoirement, et tant que durerait l'usurpation italienne, le pape eût en France un séjour splendide, digne de celui qui représentait Dieu sur terre. Il proposait de faire construire à Paris un palais magnifique, et, en attendant qu'il fut achevé, de lui céder les Tuileries. Le Saint-Père repoussait modestement ces offres brillantes; il demandait à aller s'abriter dans un presbytère de village. Il y avait entre ces deux potentats assaut de générosité.

Le roi ne savait comment s'y prendre pour vaincre les scrupules de son hôte vénérable. Un des hauts dignitaires de l'Eglise vint à son secours. « Les papes, lui dit-il, ont, pendant bien des années, séjourné à Avignon où ils n'étaient pas réduits à accepter l'hospitalité d'un prince, ce qui eût compromis leur indépendance. Ils étaient seigneurs de la ville et du comté. Le domaine de l'Eglise est inaliénable. Si le pape Pie VII a cru pouvoir céder Avignon à la France, c'est qu'il y a été contraint par la nécessité. Mais le droit de l'Eglise subsiste toujours; et le roi très-chrétien peut-il consciencieusement jouir des dépouilles arrachées au Saint-Siége par la violence? »

Ce fut pour le roi un trait de lumière. Il alla se jeter aux pieds du pape et le supplia de reprendre le comté d'Avignon, de pardonner à la France une trop longue usurpation, d'agréer son repentir et ses larmes. Car le bon prince pleurait en faisant cette restitution.

Le Saint-Père se fit un peu prier. Il céda pourtant aux instances du roi modèle, du roi selon le cœur de Dieu.

Le département de Vaucluse grossit donc la liste des territoires démembrés de la France et forma la souveraineté du pape. La cour pontificale s'y installa et rétablit de tout point l'ordre de chose qui avait régné dans les Etats-Romains sous le gouvernement de la sainte Eglise.

La guerre qui venait d'avoir lieu eut encore d'autres conséquences funestes.

En Algérie, le clergé, protégé par le gouvernement royal, s'était livré avec un zèle fougueux au prosélytisme. Les musulmans étaient obsédés, persécutés ; le clergé employait tous les moyens pour obtenir des conversions ; il achetait la conscience de quelques individus peu scrupuleux ; avec d'autres, il employait les menaces, l'intimidation, les vexations de toute nature. La France se faisait détester de plus en plus. Les indigènes étaient dans un état continuel d'exaspération, et n'attendaient qu'une occasion favorable pour se soulever. Elle ne tarda pas à se montrer.

Un dominicain avait fait à plusieurs reprises des tentatives de conversion auprès d'un riche négociant d'Alger. Dépité de n'avoir pu réussir, il eut recours à la ruse. Ayant vu jouer dans la rue un groupe de petits enfants, il y remarqua la fille de ce marchand, âgée de quatre ans. Il s'approcha d'elle, la caressa, lui offrit des bonbons. Pendant qu'elle les mangeait, il lui versa deux gouttes d'eau sur la tête, et prononça les paroles sacramentelles du baptême. Puis il alla se vanter de ce bon tour auprès de l'archevêque qui aussitôt requit un officier de police et une escouade de gendarmerie. On alla saisir la petite fille, malgré les cris et les larmes de ses parents, et on l'emmena dans un catéchuménat, tout comme le pape Pie IX avait fait faire pour le petit Mortara, de Bologne. Les parents firent des démarches pour ravoir leur enfant. On leur répondit : « *Non possumus*, nous ne le pouvons. Sans doute, celui qui a administré le baptême, sans le consentement des parents, a excédé ses droits. Il a même violé les canons. Mais, qu'il ait eu tort ou raison, ce n'est pas la question. Le baptême est valable. L'enfant étant baptisé est chrétien, appartient à l'Eglise qui ne peut compromettre son salut en le laissant entre les mains de parents infidèles. Son âme est plus précieuse que son corps; et l'Eglise répond de cette brebis qui lui est acquise. »

En apprenant cet acte de barbarie, toute la population indigène fut saisie d'horreur et jura de venger un tel crime; il était évident qu'elle ne pouvait plus regarder les Français que comme des ennemis implacables, qui, non contents d'avoir sacrifié la nationalité des habitants, en voulaient à leurs mœurs, à leur religion, violaient les droits de la famille. Entre les deux peuples, il ne pouvait y avoir rien de commun, ce devait être une guerre à mort.

Ils coururent aux armes, et en quelques heures ils tuèrent tous les Français qui leur tombèrent sous la main. Les garnisons avaient été diminuées à cause des préparatifs de la guerre contre l'Italie. Elles ne purent tenir contre une multitude furieuse et toujours renaissante, dont l'enthousiasme doublait la force et l'audace. Le bey de Tunis et l'empereur du Maroc profitèrent de la circonstance pour intervenir et agrandir leurs Etats au détriment d'une puissance qu'ils avaient toujours regardée comme ennemie. Les derniers régiments qui échappèrent au massacre furent obligés de s'embarquer pour la France. La colonie fut définitivement perdue.

A la Martinique et à la Guadeloupe, l'insolence du parti clérical avait excité un mécontentement général. La métropole aigrissait les esprits par ses mesures vexatoires et inquisitoriales. Les habitants se soulevèrent. Les deux îles proclamèrent leur indépendance et entrèrent dans la grande confédération des Antilles qui venait de se former par suite de l'émancipation de Cuba et de Porto-Rico. Ce vaste groupe d'îles forme maintenant une association de républiques indépendantes de l'Europe, et les habitants s'applaudissent de pouvoir se gouverner eux mêmes.

L'Ile de la Réunion, qui avait repris son nom d'Ile Bourbon, suivit cet exemple et se constitua en république indépendante.

La France amoindrie, privée de ses principales colonies, était tombée au rang de puissance de second ordre. C'était une cruelle chute après les promesses pompeuses du parti clérical. On rappelait sa jactance avant la guerre, les miracles annonçant la victoire, la volonté divine qui s'était manifestée. Bien que la presse fût muette, le clergé sentait bien qu'il avait à subir une rude impopularité et qu'on avait lui demander un compte sévère de l'usage qu'il avait fait de son pouvoir et des malheurs qu'il avait causés à la France.

Il ne fut nullement embarrassé, pas plus que saint Bernard après la croisade. Ce grand Saint avait promis la victoire aux croisés, qui n'eurent que des revers. Il expliqua que ses prophéties avaient été conditionnelles, comme celle de Jonas (comme le fut plus tard celle de La Salette), comme le sont toutes les prophéties. Les croisés devaient être protégés de Dieu, conquérir la Terre-Sainte, y vivre heureux et glorieux, mais à condition qu'ils seraient bien sages, qu'ils observeraient les commandements de l'Eglise. Pas du tout : ils se sont livrés à la paillardise, ont juré et blasphémé, ont souvent négligé d'entendre la sainte messe. C'est pourquoi le bon Dieu a révoqué les promesses qu'il leur avait faites par l'organe de son ministre. De même, aujourd'hui, disaient les prêtres, Dieu avait promis de marcher avec vous, *mais* pourvu que par votre conduite vous méritiez sa protection. Vous vous étiez armés pour rendre à l'Eglise les biens qui lui avaient été injustement enlevés, pour punir l'impie. Et vous-mêmes, dans ce royaume très-chrétien, vous souffrez qu'il y ait des impies, des juifs qui ont crucifié Jésus-Christ, des hérétiques et des schismatiques qui l'outragent, des libres-penseurs qui osent nier sa divinité, des francs-maçons qui invoquent le diable! Dieu vous défend de pactiser avec tous ces scélérats; communiquer avec eux, c'est s'associer à leur impiété. Et voilà pourquoi vous avez été vaincus.

La leçon fut répétée dans toutes les chaires. On rappela au petit-fils de Louis XIV, que la plus belle action de son règne, c'était la révocation de l'édit de Nantes, provoquée par le clergé, admirée par Bossuet et par tous les princes de l'Eglise. Les rois d'Espagne avaient obtenu le titre de rois *catholiques*, qu'ils ont transmis à leurs successeurs comme leur plus bel héritage, en expulsant de leurs Etats les Juifs et les Maures. C'étaient là les beaux exemples à suivre. Qu'on lave la France de la lèpre de l'hérésie, et alors elle sera en mesure de vaincre ses ennemis; elle sera aussi forte contre eux que David contre Goliath.

Le roi comprit la justesse de ces arguments. Il se reprocha de n'avoir pas plutôt suivi les prescriptions de l'Eglise qui, à toutes les époques, notamment en 1215, au concile de Latran, a imposé aux princes l'obligation d'exterminer les hérétiques. Les canons ont même statué que si un prince refusait ou différait d'obtempérer aux injonctions qui lui seraient faites à ce sujet, le pape le déposerait, délierait ainsi ses sujets de leur serment de fidélité et mettrait à sa place un prince pieux et docile, qui accomplirait cette tâche à la satisfaction de la chrétienté.

Le roi se rappela aussi le serment qu'il avait prononcé à son sacre et qu'il n'avait pas tenu, celui d'exterminer les hérétiques de son royaume. Il y avait bien aussi le serment de fidélité à la charte, qui garantit la liberté des cultes. Mais son confesseur, qui était jésuite, lui fit observer que les serments envers les hérétiques sont sans valeur et que c'est même un devoir de les violer. D'ailleurs, la charte ne promet le libre exercice des cultes qu'à la charge de se conformer aux lois; or, dès que les lois interdisent l'exercice de tout autre culte que le catholicisme, il est clair que cet article n'est applicable qu'à l'exercice du culte catholique. Ce culte est libre, donc la charte est observée.

Cet argument était ingénieux, et le roi le trouva charmant. Il résolut de suivre les conseils de cet habile confesseur.

Il eut d'abord un point à régler avec la cour d'Avignon. Le clergé s'était plaint de ce que, après le concordat de 1801, le premier Consul avait fait décréter la loi contenant les articles organiques du concordat, qui limitent le pouvoir ecclésiastique. De nouvelles plaintes furent présentées au roi. Le conseil des ministres examina, par la même occasion, s'il n'y aurait pas quelques modifications à apporter au concordat lui-même. On consulta le nonce du pape, et, après quelques négociations, il fut reconnu que la meilleure solution, ce serait la suppression du concordat. Il fut entendu que le pape nommerait *proprio motu* à tous les évêchés, que par conséquent le roi n'aurait plus à s'immiscer dans ces nominations.

Dès lors, la cour d'Avignon, devint, comme au

moyen âge, un centre d'intrigues et d'ambitions. Le pape était dirigé par deux ou trois jésuites qui étaient les distributeurs des faveurs et des emplois. C'était par l'adulation, la bassesse, souvent même par la corruption et la simonie, qu'on obtenait les évêchés et les autres bénéfices ecclésiastiques. Les prélats envoyés pour gouverner les diocèses, étaient le plus souvent des étrangers qui ne voyaient dans ce poste, qu'un office honorable et lucratif. Le clergé en France était maître de tout. Le pape gouvernait le royaume pas ses évêques qui tenaient sous leur dépendance tous les fonctionnaires. Le roi consommait tranquillement sa liste civile (qui venait d'être portée à quarante millions), laissant tout faire par les prêtres. Chaque matin, le *Journal officiel* annonçait au peuple que le roi avait entendu la messe dans ses appartements. Il s'occupait beaucoup de gagner des indulgences. C'était là pour lui la grande affaire qui allait avant les affaires d'Etat.

Le clergé ayant ainsi perfectionné l'organisation de la France, put facilement recueillir le fruit de ses travaux. Il fit présenter aux Chambres trois projets de lois.

Par le premier, tous les non-catholiques devaient quitter le territoire français dans le délai d'un an. Passé ce délai, ceux qui s'y trouveraient, seraient condamnés à la prison perpétuelle et leurs biens confisqués.

Par le second projet, il était dit que les peines du sacrilége (amende honorable et peine de mort), seraient appliquées à tous ceux qui commettraient un sacrilége quelconque, notamment à ceux qui attaqueraient, soit la divinité de Notre Seigneur Jésus-Christ, soit un des dogmes enseignés par l'Eglise. La dénonciation de ce crime pourra être faite, soit à l'évêque, soit au ministère public. Après l'instruction, l'affaire est portée à l'officialité diocésaine. Quand ce tribunal ecclésiastique a constaté et qualifié le fait du sacrilége, l'individu déclaré coupable est renvoyé devant une Cour prévôtale qui ne peut se dispenser de prononcer les peines éditées par la loi. De cette façon les ecclésiastiques ne répandent pas le sang, car *Ecclesia abhorret à sanguine.*

Par le troisième projet, la tenue des registres de l'état civil est restituée aux curés. Les individus qui ne sont pas baptisés, n'ont pas d'état civil. Il n'y a pas d'autre mariage que celui qui est administré par le sacrement. L'autorité ecclésiastique est seule juge des cas où la sépulture ecclésiastique doit être accordée. Dans le cas où elle est refusée, le corps est traîné sur la claie et jeté à la voirie.

La présentation de ces projets causa une stupéfaction profonde. Bien qu'on fût habitué aux envahissements du parti clérical, on ne pouvait croire qu'il emprunterait aux âges de barbarie des mesures aussi atroces. C'était en réalité l'inquisition qu'il allait rétablir. Le saint-office est remplacé par l'officialité. Toute personne suspecte aux yeux du clergé sera exposé à être traduite devant les juges ecclésiastiques qui disposeront de sa vie. La France voudrat-elle se soumettre à une tyrannie aussi honteuse? L'opinion publique manifestait une vive irritation. Malgré tous les efforts de la police, il circulait des pamphlets, des chansons, par lesquels certains hommes courageux cherchaient à réveiller le peuple de son engourdissement, à l'exciter contre une oppression intolérable. Dans les groupes, les gens qui avaient conservé quelque sentiment de dignité, s'enhardissaient à exprimer tout bas leurs ressentiments, à se demander comment on pourrait s'affranchir. Le nombre des mécontents était tellement considérable que la police ne pouvait les arrêter tous. Elle commençait à s'inquiéter. Les ministres craignaient que le peuple ne retrouvât quelques lueurs de son ancien enthousiasme révolutionnaire. Ils résolurent d'employer tout à la fois la terreur et la ruse. Quelques agitateurs, qui avaient laissé éclater leur haine du gouvernement, furent arrêtés, et l'instruction judiciaire sut rattacher à leur manifestation un vaste complot dont les éléments étaient insignifiants. La police organisa une fausse émeute, dans laquelle on trouva, comme d'habitude, des drapeaux rouges, des programmes de bouleversement. On arrêta les compères qui avaient joué leur rôle et qui furent relâchés peu de jours après et largement dédommagés de leur simulacre de captivité. On publia dans les journaux le récit épique de la grande victoire de l'ordre; on insista sur les projets sanguinaires des éternels ennemis de la société. La majeure partie du public fut dupe de ces mensonges; beaucoup de mécontents se calmèrent en pensant que le gouvernement, tout mauvais qu'il était, avait du moins le mérite de sauver la société, la famille, etc.

La presse bâillonnée ne pouvait discuter les faits. Une foule de badauds, en lisant les proclamations affichées, se disaient : sommes-nous heureux que l'autorité ait déjoué ce complot infernal et nous ait encore une fois préservés de l'hydre de l'anarchie !

Les projets furent présentés d'abord à la Chambre des Pairs. Bien que le roi l'eût composée de ses plus fidèles serviteurs, il s'y était glissé quelques éléments d'opposition. Des grands seigneurs, des bourgeois, jadis libéraux et ayant occupé de hautes fonctions, voyaient avec peine les progrès de la théocratie et auraient voulu arrêter le gouvernement sur cette pente funeste. Ils ne se proposaient pas de lui susciter des obstacles, ni d'ébranler l'autorité royale. Mais ils étaient mal disposés à l'égard de mesures qui leur semblaient monstrueuses ; ils craignaient que les excès du parti clérical n'amenassent une nouvelle révolution. C'était par dévouement pour la royauté qu'ils désiraient l'empêcher de commettre des fautes.

Les ministres, choisis récemment parmi les plus fougueux papistes. étaient courroucés de ce défaut de zèle, et notaient déjà comme suspects les pairs récalcitrants. Pour briser leur résistance, on fit, comme Charles X en 1827, une *fournée* de pairs ; on y comprit tous les évêques, deux abbés mitrés, et quelques journalistes qui, par la violence de leur langage, s'étaient élevés au rôle de chefs de parti. L'un d'eux était passé maître pour son style injurieux et même sottisier ; les évêques eux-mêmes tremblaient devant ses accès de colère.

La discussion fut vive et imposante. Un des pairs, dont l'orthodoxie ne pouvait être mise en doute et qui avait donné des gages solides à la cause catholique, combattit les projets, opposa des arguments sérieux, tirés de l'histoire, du droit civil et du droit canonique. Il plaida chaleureusement pour la dignité humaine, fit voir qu'avec le régime proposé on aurait cette hideuse inquisition qui a toujours été repoussée de la France, sous les rois les plus dévoués à l'Eglise. Il présenta aussi des considérations tirées de l'économie publique. Il rappela combien la révolution de l'édit de Nantes avait été désastreuse pour le commerce et l'industrie ; il dépeignit les misères incalculables qu'entraînerait l'émigration d'une population nombreuse, riche et laborieuse, qui irait porter à l'étranger ses capitaux et son activité.

La plupart des pairs laïques furent ébranlés ; il leur répugnait de se faire les complices des énormités qu'il s'agissait de commettre.

Ce fut un évêque qui répondit. Il s'étonnait que,

dans un pays catholique, on pût mettre en question si l'on exécuterait les décrets de l'Eglise. Elle est infaillible et immuable. Si l'on condamne les mesures proposées, il faut condamner tout ce que l'Eglise a fait ; il faut condamner l'inquisition qu'elle a établie et dont les principaux coopérateurs ont été mis au rang des saints, il faut répudier le concile de Constance qui, malgré le sauf-conduit de l'empereur, a fait brûler vifs les hérésiarques Jean Huss et Jérôme de Prague. Il faut, en un mot, cesser d'être catholique. Qu'on ait le courage de l'avouer. Si l'Eglise a erré, il ne reste plus qu'à rejeter son autorité, qu'à revenir aux doctrines impies de la Révolution, aux principes *sataniques* et *idolâtriques* (1) de 89, aux maximes funestes de la liberté de la presse et de la liberté des cultes ; on devra renverser toutes les digues qui ont préservé la France du débordement du philosophisme ; on donnera toute latitude pour répandre et propager les systèmes les plus abominables, les plus subversifs ; on s'inclinera devant la liberté des empoisonneurs qui, par leurs écrits démoralisateurs, pervertissent les populations. Ces libertés ont été anathématisées par les encycliques des saints papes Grégoire XVI et Pie IX, dont les statues ont été élevées au milieu de nos villes par la piété du roi et des populations, comme des emblêmes salutaires qui doivent sans cesse nous rappeler nos devoirs de chrétiens. Ces monuments vénérables devront faire place aux sinistres effigies des Voltaire et des Rousseau, dont les gouvernements précédents avaient eu l'audace de souiller nos places publiques, comme pour insulter à la religion et à la morale. Henri V va-t-il être obligé d'abdiquer devant le spectre hideux de la Révolution ?

(1) Cette expression est de M. Pie, évêque de Poitiers.

La question étant ainsi posée, nul n'osa répliquer. Il n'y avait pas de moyen terme : il fallait se prononcer ; être catholique avec le pape, ou hérétique et révolutionnaire.

Aucun orateur de l'opposition ne demanda la parole. Le ministre de la justice (dont le titre formait un étrange contraste avec sa mission) monta à la tribune. C'était un homme patelin, au regard oblique, un vrai jésuite de robe courte. Il était péniblement étonné qu'on vînt, dans cette discussion, accuser le gouvernement et l'Eglise de manquer aux devoirs de l'humanité. « L'Eglise, dit-il, est pleine de mansuétude et d'indulgence. Elle n'a pour ses ennemis qu'une sollicitude paternelle. C'est pour leur bien, qu'elle veut ramener au bercail les brebis égarées. Les dissidents sont parfaitement libres..... de renoncer à leurs erreurs, de venir se ranger sous l'autorité tutélaire de leurs pasteurs légitimes. L'Eglise sera heureuse de leur tendre les bras, d'accueillir avec amour l'enfant prodigue et repentant. Mais, quant aux pécheurs endurcis, qui, malgré les sages avertissements, persistent dans le mal, on ne peut éviter d'employer à leur égard une juste sévérité. On ne peut souffrir que, par leur exemple et par leur enseignement, ils corrompent la population saine à laquelle ils sont mêlés. Les catholiques sont en immense majorité dans le pays ; ils n'auront rien à craindre de ces lois qui n'ont pour but que de les protéger et de les préserver de la contagion de l'hérésie et de l'incrédulité. Ils nous béniront de les avoir soustraits à ce contact empoisonné. »

On passa au scrutin, et les trois lois furent adoptées à une grande majorité. Ceux qui eurent le courage de mettre des boules noires, furent inscrits comme factieux et suspects d'hérésie ; ils ne furent plus reçus à la cour ; l'accès des ministères leur fut interdit, et l'on se réserva de prendre ultérieurement à leur égard des mesures plus rigoureuses.

A la Chambre des députés, le ministère avait à craindre une opposition plus animée. Cependant les députés devaient tous leur élection au patronage du gouvernement; le système des candidatures officielles avait été suivi et perfectionné; et même, dans la plupart des départements, il ne s'était présenté aucun candidat en concurrence avec ceux de l'administration. Mais ces députés, bien que choisis par les ministres dont ils étaient les créatures, appartenaient à la classe moyenne, en avaient conservé les mœurs et les traditions. Ils étaient d'un âge mûr, ils avaient vécu sous les gouvernements précédents, ils étaient au courant du mouvement intellectuel, ils avaient encore à la mémoire les ouvrages des grands écrivains qui, depuis un siècle, ont disserté sur les droits de l'homme. On venait leur demander de sacrifier tous les travaux philosophiques qui ont enrichi l'humanité, de faire descendre la France à l'asservissement rêvé par Grégoire VII. Ils étaient pâles, soucieux, taciturnes; ils n'arrivaient que lentement à la salle des séances. Ils n'osaient se communiquer leurs réflexions. Leurs regards inquiets se tournaient de tous côtés pour chercher un appui, un encouragement. Ils rencontraient la figure hautaine du président qui semblait leur imposer une tâche, comme à des soldats obligés d'obéir à la consigne. Personne ne s'était fait inscrire pour parler contre les projets. Quand le ministre eut fait son exposé et plaidé en faveur des propositions, le président demanda si quelqu'un voulait parler dans le sens contraire. Il y eut un silence glacial, qui dura quelques minutes. Enfin, un des plus jeunes membres (il n'avait que 52 ans) monta à la tribune. Sa voix était faible; il faisait un ffort pénible, comme un homme qui a conscience

d'un devoir à remplir, mais qui sait en même temps
à quels dangers il s'expose. Il finit par s'enhardir, il
éleva la voix, et il reproduisit d'une manière lumi-
neuse et saisissante les arguments qui avaient été
présentés à la Chambre haute. Il fit observer que la
France, par ses traités avec les puissances étrangères,
faisait tous ses efforts pour obtenir la liberté de pro-
pagande religieuse en faveur des missionnaires catholiques, et il demanda comment on pourrait réclamer
la tolérance quand on donne chez soi l'exemple de
l'intolérance. Il fit ressortir combien il était à craindre que ces puissances n'en vinssent à des représailles
et ne prissent le parti de bannir le catholicisme. Ne
pourrait-on pas nous dire? Supporte la loi que tu as
faite, souffre qu'on te mesure de la même manière
que tu as mesuré autrui..... Il finit en adjurant chaleureusement ses collègues de repousser des lois qui
mettraient la France au ban des peuples civilisés.

Les ministres furent émus de cette opposition qui
s'attaquait en réalité à l'ensemble de leur politique.
L'un d'eux répondit avec aigreur et emportement. Il
était honteux, dit-il, d'assimiler le catholicisme aux
autres religions, de les mettre sur le même pied, de
prétendre leur faire une mesure égale. La vérité seule
a droit à la liberté ; l'erreur n'a aucun droit. Or, la
vérité est avec nous qui sommes avec l'Eglise infaillible.

Finalement, les projets furent adoptés sans amen-
dement.

La promulgation de ces lois causa une consterna-
tion générale. Les protestants et les juifs n'avaient
qu'un an pour quitter le royaume. Très-peu, parmi
eux, abjurèrent. Indépendamment des convictions
religieuses, auxquelles la plupart étaient attachés,
il y avait le point d'honneur qui leur faisait la loi d'y
rester fidèles. Les conversions, dans de telles condi-

tions et sous de telles menaces, ne pouvaient être attribuées à un changement sincère, mais à la peur, au sentiment le plus vil. C'était donc une lâcheté que de céder pour échapper à la persécution. On regarda avec mépris ceux qui se firent catholiques. La grande majorité des dissidents se disposa à quitter une patrie ingrate et cruelle, et furent forcés de la maudire. Ce fut une immense désolation. Ce fut, pour le plus grand nombre, une cause de pertes incalculables. Ils furent obligés de quitter leur commerce, leurs travaux, de liquider brusquement leurs affaires, de se défaire à vil prix de leurs biens, de s'éloigner des lieux qui les avaient vus naître, où ils avaient passé leur enfance, contracté des liens de parenté et d'amitié. Dans toutes les villes, on entendait des sanglots, des gémissements. Ceux des catholiques qui n'étaient pas bronzés par le fanatisme, étaient émus de commisération, et, au risque de se compromettre, prodiguèrent aux malheureux fugitifs, les témoignages de sympathie et les secours. Il y eut environ un million de Français expulsés du pays ; ce qui fut, pour la France, une nouvelle cause d'affaiblissement et d'appauvrissement. L'industrie ne s'est jamais relevée de ce coup funeste.

Le clergé était triomphant, rayonnait d'allégresse, chantait des *Te Deum*. Le roi recevait les félicitations emphatiques, non-seulement des associations religieuses, mais encore des corps constitués. Car le fonctionnarisme avait tellement abaissé les esprits, que tout ce qui tenait au monde officiel, se croyait dans l'obligation de célébrer les louanges du gouvernement, de glorifier même ses infamies.

C'était beaucoup, pour le parti clérical, d'avoir purgé la France des hérétiques et des *déicides*, c'est de ce dernier nom qu'on désignait les juifs. Il restait encore à exécuter une partie non moins importante des nouvelles lois ; c'était la guerre aux libres-penseurs. Des agents de police, congréganistes éprou-vés, inspectèrent minutieusement tous les magasins de librairie et les boutiques de bouquinistes, saisirent les livres anti-catholiques et en général tous ceux qui sont portés sur l'Index dressé par le Saint-Office. Ces livres maudits furent brûlés sur la place publique, à la suite de cérémonies dans lesquelles les prédicateurs tonnèrent contre les auteurs de ces productions abo-minables, et avertirent les fidèles qu'il leur était in-terd t, sous peine d'excommunication, de vendre ces ouvrages, de les donner ou prêter, de les lire, ou même de les posséder chez soi ; les détenteurs étaient tenus, d'après le concile de Trente, de les apporter spontanément à leur curé.

Les dévots les plus zélés désiraient vivemeut qu'on fît l'application de la loi du sacrilége. Il leur fallait des coupables ; ils ne manquèrent pas d'en trouver. On regrettait de ne pouvoir poursuivre les écrivains, pour des livres publiés antérieurement à la loi, vu qu'elle n'a pas d'effet réatroctif. Personne ne publiait plus de semblables écrits. A défaut des auteurs, on chercha une autre classe de délinquants.

Bien des individus étaient connus comme incré-dules, n'approchaient pas des sacrements, n'allaient jamais à l'église ; comme ils s'observaient dans leurs actes et surtout dans les conversations, ils se croyaient hors des atteintes de la législation. On les épia ; et, pour faire un exemple, on constata qu'un particulier avait prêté à un de ses amis un volume de Voltaire. Il avait donc contrevenu aux décrets du Concile de Trente, il avait propagé un écrit contenant des blas-phêmes, des outrages envers Jésus-Christ. Il fut dé-féré à l'officialité qui le déclara convaincu de sacrilége légal et le renvoya devant la cour prévôtale qui le condamna à mort. On aurait bien voulu le brûler vif dans un superbe *auto-da-fé*. pour symboliser les flammes de l'enfer auxquelles il était destiné. Mais, faute de mieux, on se contenta de le guillotiner,

Deux autres individus subirent la même peine. L'un avait refusé de se découvrir au passage d'une procession et avait fait un geste, interprété comme outrage. L'autre, étant malade, avait repoussé le prêtre qui voulait le confesser malgré lui, et avait exprimé son refus par des paroles réputées outrageantes. Tous deux expièrent leurs forfaits sur l'échafaud.

La terreur fut au comble. C'était l'effet que voulait produire le clergé. Ses apologistes prouvaient, dans leur journaux, que ces châtiments étaient bien mérités; que, d'après les saints Canons, tous les hérétiques doivent être punis de mort; et c'est être hérétique que de s'écarter, sur un seul point, de l'enseignement de l'Eglise, Il en résulte que la législation française est très-indulgente en no punissant que les outrages les plus graves et en laissant impunis une foule de cas dans lesquels l'Eglise ordonne de sévir.

C'était une menace : on signifiait aux ouailles que la houlette du pasteur pourrait bien devenir encore plus lourde, et qu'elles feraient bien de se résigner à un régime si paternel.

On comprit qu'il fallait s'étudier à éviter tout ce qui pourrait attirer l'attention de la police, se garer des innombrables émissaires qui faisaient de l'espionnage pour la plus grande gloire de Dieu. Mais, du moins, les gens prudents, qui se mettaient un cadenas sur les lèvres, dans la crainte de laisser échapper un semblant de blasphème, auront-ils la sécurité?... Peut-être. Une foule de libres-penseurs se condamnaient à la retraite, au silence, maudisaient intérieurement le régime oppressif sous lequel la France était courbée, et n'osaient exhaler aucune plainte, même dans l'intimité. Vivant honnêtement et paisiblement, ils se disaient que la vindicte cléricale ne pourrait les atteindre. Vain espoir ! Ces gens-là ne pratiquaient pas. Leur abstention était une protestation contre le catholicisme, une profession patente d'incrédulité ou d'hérésie, un cas d'excommunication. Un agent de police venait les trouver, et d'un ton doucereux leur disait en confidence qu'on voyait avec peine qu'ils ne remplissaient pas leurs devoirs religieux, qu'ils aient à prendre garde, que cette omission scandaleuse équivalait à un mépris public de la religion, et qu'il pourrait leur arriver malheur, s'ils dédaignaient l'avis qui leur était donné dans leur intérêt. On savait ce que signifiait une telle démarche. La plupart obéissaient, pratiquaient extérieurement, sans avoir la foi, et, moyennant ce sacrilége, se mettaient en règle avec le clergé. Ceux à qui il répugnait de faire un acte contre leur conscience et qui respectaient assez la religion pour ne pas la profaner par une misérable comédie, ceux-là s'exposaient à la vengeance ecclésiastique ; ils étaient arrêtés par mesure de sûreté générale et confinés dans une prison d'Etat d'où l'on ne sort que bien difficilement. Ils ne pouvaient obtenir leur mise en liberté, que par une rétractation formelle de leurs erreurs et par des marques réitérées de repentir.

Ces moyens d'intimidations portèrent leurs fruits. Presque tout le monde pratiquait : les curés pointaient ceux qui approchaient de la sainte table dans la quinzaine de Pâques, dressaient la liste des manquants qui, réprimandés par la police, se hâtaient de réparer leur omission.

Le clergé obtint encore un autre succès, le rétablissement des anciennes immunités d'après lesquelles ses membres ne pouvaient être jugés que par l'Eglise ou au moins en vertu de son autorisation. Il fut décidé par une loi, qu'aucun juge laïque ne pourrait faire d'instruction criminelle contre les ecclésiastiques, ni les traduire devant aucune juridiction en matière criminelle, correctionnelle ou de police. En cas de crime, de délit ou contravention imputé à un ecclésiastique, c'était l'évêque qui devait être saisi de la plainte et décider quelle suite il convenait de lui donner. S'il trouvait qu'il y eût matière à poursuite, il déférait l'inculpé à l'officialité qui suivant les cas, infligeait une peine canonique ou renvoyait l'affaire devant les juges séculiers; et ces derniers ne devenaient compétents que par cette sentence de l'officialité.

Il en résulta que les ecclésiastiques étaient à peu près sûr de l'impunité et de l'inviolabilité. Les juges ecclésiastiques procédaient en secret, étouffaient les affaires de nature à jeter sur les gens d'Eglise de la déconsidération, et se bornaient le plus souvent à infliger une peine disciplinaire, telle que le séjour, pendant deux ou trois mois, dans un monastère ou la suspension. Les débats avaient lieu à huis-clos, et même les sentences demeuraient secrètes.

Il y eut une affaire qui produisit un scandale épouvantable. Un curé faisait venir chez lui des petits garçons qu'il préparait à la première communion ; c'était, disait-il, dans le but de les confesser et de leur donner des leçons particulières. Il les corrompait d'une manière abominable et commettait des infamies. Les parents en eurent connaissance, les faits furent constatés d'une manière irrécusable; des plaintes furent adressées à l'évêque. Le curé qui, devant la juridiction criminelle, aurait concouru la peine des travaux forcés à perpétuité, disparut pendant deux mois, fut investi d'une autre cure, remis à même de faire de nouvelles victimes.

Il était bien entendu que le prêtre, comme *oint du Seigneur,* est un être d'une nature supérieure, qu'il est au-dessus des lois. Et, bien que l'Eglise ne le déclaré pas explicitement, elle serait charmée de faire croire que le prêtre est impeccable et ne doit jamais être accusé ni soupçonné : quand même vous le verriez commettre un crime, vous ne devez pas croire au témoignage de vos sens. L'Eglise seule doit apprécier dans quels cas elle peut appliquer à ses membres des peines médicinales.

Les lois de l'Eglise furent successivement érigées en lois de l'Etat. L'observation du repos du dimanche fut rigoureusement exigée. Les jours de dimanche et fêtes, les boutiques et ateliers étaient fermés, le service des postes et même celui du télégraphe étaient suspendus, les chemins de fer, les paquebots et les messageries étaient en chômage; aucun travail n'était permis. Les fidèles devaient avoir tout le loisir d'assister aux offices.

On ressuscita les anciens règlements sur la règle d'abstinence. Il fut interdit aux bouchers, charcutiers et autres marchands d'aliments gras, d'ouvrir boutique et de rien débiter les vendredis et autres jours de jeûne ou d'abstinence. La police inspectait les restaurants, et tout individu qui eût été surpris mangeant un aliment défendu, était sévèrement puni.

En 1880, l'Europe fut en commotion et entra dans une période de rénovation. Les dynasties royales s'éteignirent en Belgique et en Italie. Ces deux pays, qui avaient déjà des institutions républicaines, ne jugèrent pas à propos de créer de nouvelles dynasties, et ils se mirent en république. L'Espagne, après avoir éprouvé les horreurs d'une guerre civile, fomentée par le parti clérical, avait enfin abattu l'insurrection carliste, jouissait du calme et de la prospérité; et la République y était d'autant plus aimée qu'elle avait été chèrement achetée. En Allemagne, les pays incorporés à l'Empire, ne pouvant supporter la domination de la Prusse, firent une sécession; il s'en suivit une guerre civile qui se termina pas l'expulsion de toutes les dynasties, y compris celles des princes médiatisés. L'Allemagne entière forma une confédération de républiques. Par suite de divers événements, des constitutions républicaines furent également établies en Angleterre, en Hollande, dans l'empire d'Autriche, en Danemarck, Suède et Norwége. Tous ces pays forment les *Etats-Unis de l'Europe occidentale*, sur le modèle des Etats-Unis de l'Amérique du Nord. On put croire que la paix du monde était à jamais assurée. Il n'y a plus, dans cette vaste étendue de territoires, qu'une armée fédérale, réduite à de très-faibles proportions, recrutée par des engagements volontaires, et destinée à assurer le maintien de l'ordre à l'intérieur et à protéger la sûreté de la confédération contre les ennemis extérieurs, s'il en survenait.

La France, avant sa déchéance, aurait dû être à la tête de ce mouvement d'émancipation. Maintenant, au contraire, elle ne songe qu'à se garantir contre l'envahissement des idées républicaines. Elle a établi des tarifs dont le résultat équivaut presque à l'interdiction des marchandises étrangères; elle prohibe sévèrement l'introduction de tous les écrits venant du dehors. Par ses règlements minutieux sur les passe-ports, elle tracasse les étrangers qui veulent visiter la France, et les dégoûte d'y venir pour leurs affaires ou leurs plaisirs. Elle suscite toutes sortes d'embarras et de difficultés aux Français qui veulent voyager à l'étranger, à moins qu'il ne s'agisse de missions apostoliques. En un mot, elle éléverait, si elle l'osait, une muraille chinoise pour empêcher toute communication avec un monde qu'elle regarde comme le domaine de Satan.

Les républiques confédérées ayant reconnu le principe de la souveraineté du peuple, il a été admis que, dans chaque Etat, la population serait appelée à prononcer elle-même sur la forme du gouvernement et les institutions qui lui conviendraient. Les provinces détachées de la France ayant été séparées par la violence et incorporées à des Etats voisins, sans que les populations aient été consultées, il fut décidé par le congrès européen que ces populations seraient mises à même de confirmer ou d'infirmer les stipulations faites à leur égard par les traités. Elles pouvaient, ou rentrer dans la patrie française, ou rester unies à leur nouvelle patrie, ou former des Etats distincts. Dans les pays annexés à l'Allemagne, les habitants qui avaient montré jadis tant d'amour et de dévouement pour la France, repoussèrent avec dégoût l'idée d'annexion à un royaume avili par le despotisme. Ils avaient pu oublier l'injustice criante commise à leur égard par l'Allemagne. Ils préférèrent former un Etat particulier : ce fut la République Lotharingienne. Quant aux pays annexés à d'autres Etats, ils se trouvaient si bien du nouveau régime sous lequel ils étaient placés, qu'ils se décidèrent à y rester, plutôt que de passer sous la domination du jésuitisme.

Depuis que le pape a quitté l'Italie, les prétentions de l'Eglise catholique ont été tellement odieuses, qu'elles ont excité partout une réprobation universelle. Dans tous les pays libres, on a regardé le papisme comme inconciliable avec un régime libéral, comme l'ennemi de la civilisation. Il s'est fait des schismes, avec ou sans l'étiquette catholique. Les peuples ont rompu toute relation avec le pape d'Avignon, auquel il ne reste que la France pour toute *obédience*. Aussi est-elle désignée dans le monde sous le nom de *papimanie*. Au lieu du respect, de l'admiration et de la sympathie, elle n'inspire plus que le dédain.

Les Français qui ne sont pas abrutis par la superstitution, gémissent de cet isolement. Mais le parti clérical, loin de s'en affliger, en tire avantage. Il déclare que la France est la nation chérie de Dieu, comme jadis le peuple israélite; quand on a le dépôt de la vraie foi, on possède la supériorité réelle. Les peuples étrangers, égarés par les erreurs de l'hérésie et du philosophisme, accumulent les biens terrestres, excellent dans les sciences profanes, dans les arts et l'industrie. Que sont ces vains avantages à côté des indulgences que le Saint-Père prodigue chaque jour à son peuple chéri?...

En 1882, il y eut un nouveau pape qui tint à Avignon un concile appelé œcuménique, bien qu'il ne s'y trouvât que les évêques de France, tout le reste de la chrétienté s'étant séparé du papisme.

Le concile renouvela les anathèmes contre les hérétiques, contre les magiciens, sorciers et noueurs d'aiguillettes, contre les détenteurs des biens ecclésiastiques, ce qui s'appliquait surtout à la République italienne, usurpatrice des anciens Etats pontificaux. On rappela à tous les princes chrétiens l'obligation d'exterminer les hérétiques et de faire la guerre aux princes infidèles, jusqu'à leur entière soumission aux décrets de l'Eglise.

On appela l'attention des princes sur la nécessité de veiller à l'intégrité de la foi, en empêchant les savants et les académies de se livrer à des écarts téméraires et d'avancer des propositions mal sonnantes, qui pourraient ébranler le respect dû à l'Ecriture-Sainte.

On se plaignit de ce que, depuis l'époque fatale de la Renaissance, l'art païen s'était substitué à l'art chrétien; de là, de graves dangers pour la foi et les mœurs.

Aussitôt après la promulgation des décrets de ce concile, le clergé se mit à l'œuvre pour en exécuter les prescriptions. On ne songeait pas à entreprendre de nouvelles croisades dont l'impossibilité était évidente. Mais on s'occupa de faire, à l'intérieur, la guerre à tout ce qui semblait contraire à l'esprit catholique.

Le ministre de l'instruction publique, qui était un évêque *in partibus*, appela auprès de lui plusieurs savants dont les travaux avaient été signalés comme contraires à l'orthodoxie.

L'un d'eux était un professeur de médecine qui, dans ses études sur la physiologie du cerveau, semblait incliner au matérialisme. Il lui fut enjoint d'éviter tout ce qui pouvait être interprèté dans ce sens, et même d'insérer à l'avenir, dans ses mémoires, des déclarations explicites sur l'immatérialité de l'âme et un désaveu formel du matérialisme.

Le second était un astronome qui avait paru favoriser l'hypothèse de l'éternité et de l'infinité de l'univers. On lui déclara que cette opinion était fausse et blasphématoire; il dut reconnaître que le monde était borné et qu'il avait été créé de rien par la toute-puissance de Dieu.

Le troisième était un des premiers naturalistes de l'Europe. Il avait discuté avec prudence l'opinion de arwin, sur la transformation des espèces, et cette hypothèse lui avait paru basée sur des arguments solides. Il ne s'était pas prononcé sur l'espèce humaine, dans la crainte d'être accusé de favoriser la doctrine qui faisait descendre l'homme d'une espèce animale. On lui déclara que cette attitude était suspecte, qu'il devait rompre avec le darwinisme, que c'était une erreur monstrueuse que de faire descendre l'homme du singe; c'était nier l'âme humaine, contredire audacieusement la Bible, et renverser tous les fondements de la morale et de la société.

D'autres étaient des érudits qui, sans se préoccuper de la Bible, avaient fait des recherches historiques et avaient établi des calculs chronologiques, d'après les-

quels toute une série d'événements aurait précédé de
beaucoup de siècles la date assignée par la Genèse à
la création de l'homme. On leur représenta que ces
affirmations étaient inadmissibles, comme contraires
à l'enseignement de l'Eglise, qui repose sur l'autorité
inébranlable de l'Ecriture Sainte. Il leur fut enjoint
de rétracter ces erreurs et d'accommoder leurs systèmes historiques à la chronologie biblique.

On fut encore plus sévère pour les géologues qui ne
tiennent aucun compte des six jours de la création, ni
du déluge de Noé. On leur signifia de changer tout cela,
de ne s'écarter en rien des textes sacrés, qui doivent
servir d'unique boussole.

On leur dit à tous, en termes catégoriques, que
l'Eglise ne pouvait errer, sur n'importe quelle matière,
que la science humaine devait toujours prendre pour
guide la science sacrée, qui est inspirée par les lu-
mières de l'Esprit-Saint, que les connaissances hu-
maines ne peuvent franchir les limites qui ont été
fixées par Dieu lui-même, que toute découverte, bien
que s'étayant de semblants de preuves scientifiques,
n'est qu'une erreur décevante, du moment qu'elle in-
firme la foi, et doit alors être repoussée comme une
suggestion du démon.

Les directeurs et secrétaires des diverses académies
et sociétés savantes reçurent des instructions semblables; on leur fit entendre clairement que tous ceux
qui s'en écarteraient, s'exposeraient à des poursuites
et pourraient être traités comme coupables de sacrilége.

La plupart des savants, des hommes qui faisaient
le plus d'honneur au pays, se voyant ainsi menacés
dans leur indépendance et exposés au sort de Galilée,
abandonnèrent leurs chaires dans lesquelles il ne leur
était pas permis d'exposer librement ce qu'ils regardaient comme la vérité. Quelques-uns renoncèrent à

leurs études favorites et privèrent ainsi l'humanité du fruit de leurs recherches laborieuses. D'autres se refugièrent à l'étranger, y furent accueillis avec empressement.

Les hautes études furent négligées, tronquées, dénaturées. L'enseignement scientifique devint à peu près nul. Quelques jeunes gens, dont les parents avaient de la fortune, allaient dans les universités étrangères, recevoir des leçons que la France leur refusait. Mais il y avait encore des dangers à prendre cette ressource qui n'était accessible que pour le plus petit nombre ; les autorités françaises ne tenaient aucun compte des diplômes étrangers ; et, en outre, la police voyait de mauvais œil les parents qui permettaient à leurs fils d'aller chercher l'instruction au dehors ; ils étaient suspects et exposés à tomber sous la griffe de l'officialité.

Le canon du Concile, relatif à l'art payen, donna lieu à des froissements encore plus pénibles. Le gouvernement, docile exécuteur des intentions de l'Eglise, voulut mettre un terme à qu'on appelait l'invasion payenne. Dans les jardins publics, et surtout dans les musées, étaient exposés des tableaux, des statues représentant des sujets contraires à la chasteté, l'art grec y étalait des nudités.

> Par de pareils objets les âmes sont blessés,
> Et cela fait venir de coupables pensées (1).

De plus, un bon chrétien ne pouvait voir sans horreur les faux dieux du paganisme, qui d'après l'enseignement de l'Eglise, ne sont que des démons qui, pour tromper et corrompre les hommes, se sont fait rendre les honneurs divins et ont pendant longtemps occupé la place du vrai Dieu.

(1) *Tartufe.*

On ne pouvait souffrir un tel scandale. En conséquence, on fit disparaître de tous les lieux publics,
Apollon, Vénus, Mercure, Jupiter, les Nymphes et
tous les ci-devant dieux de l'Olympe ; on poursuivit
également, non seulement les personnages nus, mais
encore ceux qui n'étaient que décolletés. Les sculp-
tures et les tableaux réputés indécents, furent trans-
portés dans des lieux secrets où probablement
quelque main pieuse en a opéré la destruction. Les
plafonds de Versailles et du Louvre furent barbouillés,
badigeonnés, de manière à effacer toutes les immo-
desties qui affligeaient les regards. Dans les jardins
publics on remplaça les personnages de l'antiquité et
les dieux proscrits, par des images édifiantes : au
lieu d'Alexandre le Grand, de Laïs, d'Hercule, de
Thésée, et autres maudits, on vit se dresser : saint
Lâbre, saint Cupertin, saint Antoine avec son compa-
gnon, sainte Marie Alacoque à laquelle Jésus montre
complaisamment sa poitrine ouverte et son cœur
saignant, les apparitions de Lourdes et de La Salette,
etc. Grâces à ces transformations, les promeneurs
eurent toujours sous les yeux des représentations propres à inspirer la componction.

Dans les expositions de peinture, le jury, composé
de congréganistes à tous crins, n'admit que des
sujets irréprochables et tels qu'on pût les placer dans
des pensionnats de demoiselles. Les personnages
représentés ne devaient laisser voir que les mains,
le visage et tout au plus la naissance du cou.

Les artistes étaient furieux et s'écriaient que leur
carrière était perdue. On les laissa crier. Le public
était irrité et n'éprouvait que du dégoût pour les
images béates qu'on lui mettait sous les yeux. Mais
on ne lui demandait pas son goût. On se préoccupait
beaucoup moins de lui plaire que de lui fournir,
même malgré lui, des moyens de sanctification.

Le théâtre eut à subir une réforme analogue. Les dévots les plus rigoristes demandaient qu'on supprimât radicalement cette école d'immoralité, alléguaient que c'était un péché d'assister aux représentations théâtrales, que le gouvernement se rendait complice et même instigateur du mal en l'autorisant, et à plus forte raison en l'encourageant et le subventionnant; que les acteurs étaient des êtres maudits, des histrions dont on devait faire disparaître la race. Les modérés préféraient qu'on procédât par gradations et qu'on s'y prit de façon que le théâtre eut l'air de mourir de sa belle mort. Leur avis fut adopté, afin de ménager un peu l'opinion.

On commença par mitiger l'Opéra. On exigea des danseuses que leurs jupes descendissent à trois décimètres au-dessous du genou, et que leur corsage montât jusqu'au sternum. Les ballets, au lieu de consister en danses voluptueuses, pleines de grâces et d'amour, durent être graves et compassés, comme un quadrille honnête dans un salon bien tenu. On expurgea les pièces propres à exciter les passions, ces *libretti* où tout porte à la concupiscence.

> Et jusqu'à je vous hais, tout s'y dit tendrement (1).

A ces conditions, on permit à l'Opéra d'exister... provisoirement. Toutefois on supprima sa subvention, ainsi que celle des autres théâtres. On soumit à la censure, non seulement les pièces nouvelles, si par hasard il s'en présentait, mais encore les pièces en possession du répertoire. La censure mutilait, raturait, retranchait des rôles entiers, imposait même des additions, sans s'inquiéter des effets de scènes ou des exigences de la musique. Les directeurs avaient beau

(1) Boileau.

chercher à s'accommoder à ces changements, il en survenait de nouveaux. Une pièce autorisée, montée, dont on avait fait les répétitions, était interdite ou soumise à des remaniements. Il n'y avait pas moyen d'y tenir. Tous les artistes de talent émigrèrent. Les cabotins tinrent encore quelques temps et finirent par perdre patience. On ne pouvait plus trouver de directeurs. Les théâtres furent muets, abandonnés. L'art dramatique où la France avait remporté de si brillants succès, avait tenu le sceptre du goût et de la mode, disparut sous l'éteignoir sacré.

La police chercha à remplir le vide laissé par cette disparition, en ressuscitant les *mystères* du bon vieux temps. On monta des pièces ayant pour sujets la naissance de Jésus-Christ, la Passion, Geneviève de Brabant, etc. Le public désœuvré y accourut par curiosité; mais il y eut un succès tout différent de celui qu'attendaient les organisateurs des divertissements. Dès qu'on voyait paraître Jésus-Christ ou saint Joseph, on riait aux éclats; puis c'était une grêle de lazzi, de quolibets, d'interpellations bouffonnes. L'espiéglerie inhérente au caractère français se donnait carrière. Les spectateurs s'amusaient, mais les gens pieux étaient courroucés. On eut beau menacer les rieurs, exiger le silence; rien n'y fit. On venait à la représentation, non pour voir la pièce, mais pour assister aux persifflages qu'elle provoquait. La police fût obligée d'interdire les mystères qui étaient décidément surannés.

Le public s'ennuyait, et à défaut de plaisirs honnêtes, délicats, on se dédommagea par des plaisirs grossiers. En haine de la contrainte qui était imposée, on se jeta à corps perdu dans l'orgie, et une foule d'individus trouvèrent charmant de braver, dans le secret des scènes de débauche, ce que le gouvernemant voulait les forcer à adorer. Les mœurs se dépravèrent. Les jeunes gens, ne pouvant s'occuper de politique, éloignés de la science qui était réduite à ne servir que d'auxiliaire à la théologie, se livrèrent au jeu, eurent des goûts crapuleux. Le nombre des prêtres et des moines ayant considérablement augmenté, ces célibataires forcés rendirent très-communes les voluptés infâmes, qui autrefois avaient été stigmatisées comme de honteuses exceptions. La police savait tout cela et n'en n'avait cure. Un peuple énervé est facile à gouverner. Plus les mœurs se corrómpaient, plus s'affermissait le règne de la religion, ou du moins de la théocratie; la démoralisation et la superstition ont de tout temps fait bon ménage ensemble.

Le clergé se décida à opérer une réforme depuis longtemps méditée. C'était l'abbé Gaume qui en avait été le promoteur par son livre intitulé *Le Ver rongeur*. Par cette qualification effroyable, il avait désigné l'enseignement classique. Les jeunes gens, disait-il, passent huit années dans le commerce des auteurs païens, ils s'imprègnent de leur esprit et deviennent païens à leur tour; ils sont pleins d'admiration pour les faux dieux de l'antiquité, pour les héros de la Grèce et de Rome, et pour leurs fausses vertus qu'ils brûent d'imiter. De là cet enthousiasme pour la République, si commun chez les classes lettrées; c'est là la source du poison qui a infecté les hommes de 89; il acausé tous les maux de la France et de l'Europe. Pour échapper à une telle peste, le gouvernement, conformément aux conseils du docte abbé, décida que, dans les lycées, colléges et autres maisons d'éducation, les élèves n'apprendraient le grec et le latin, qu'en se servant des Pères de l'Eglise. Cicéron, Tite-Live, Virgile et Horace furent remplacés par saint Augustin, saint Jérôme et les *Acta Sanctorum*; Homère, Plutarque et Demosthène par saint Basile et saint Chrysostome. Seulement, on permit, dans les hautes classes, de se servir des *Excerpta* ou morceaux choisis des auteurs classiques, dans lesquels il n'était question, ni des divinités païennes, ni de l'amour, ni de la République, ni de la liberté, et pourvu qu'il n'y eût pas un seul mot qui pût alarmer la piété.

Les autres branches de l'enseignement furent amendées et dirigées dans le même but. On réduisit à un faible minimum les sciences exactes, en ne mettant entre les mains des élèves, que des livres composés tout exprès pour faire briller la parfaite concordance de la science et de la théologie. C'étaient une astronomie catholique, une géologie catholique, etc. Les livres d'histoire furent choisis avec le plus grand soin ; la chronologie en était exactement calculée d'après les livres saints ; tous les faits y étaient arrangés suivant les procédés du P. Loriquet, de manière à inspirer le plus profond mépris pour le héros des sociétés païennes, la plus vive admiration pour les vertus du peuple de Dieu. On s'y attacha surtout à prouver qu'il n'y a de vraie morale que dans la véritable Église. L'ensemble des événements y est agencé d'après le plan de Bossuet dans son *Discours sur l'histoire universelle*, c'est-à-dire que l'humanité est présentée comme ayant été, depuis le commencement du monde, conduite par la Providence pour préparer et ensuite développer le règne du catholicisme.

La méthode jésuitique y fut appliquée. On dressa les élèves à l'obéissance passive ; on leur apprit que la raison était un instrument dangereux, et que le meilleur usage qu'on pût en faire, c'était de la sacrifier par une soumission aveugle à l'autorité de l'Église.

Les générations ainsi élevées, sont étiolées ; on forme des automates ; l'esprit est engourdi ; toute initiative est comprimée. On a une population hébété, n'ayant d'autre volonté que celle des maîtres, habituée dès l'enfance au joug théocratique, tremblant devant le double épouvantail de la police gouvernementale et de l'enfer transmondain. On ne raisonne plus, on n'agit plus; on imite les saints dont la vie n'était qu'une préparation à la mort.

La nation ainsi décrépite, rabougrie, n'est plus que l'ombre d'elle-même; elle ne produit plus ni savants ni artistes; elle est étrangère au mouvement progressif qui entraîne l'humanité. Elle se modèle sur le régime claustral.

Quelques vieillards se rappellent en soupirant les beaux jours où la France était le flambeau du monde, et gémissent sur les événements qui ont amené une décadence si déplorable; ils se demandent avec effroi si l'on n'eût pas mieux fait, au prix de quelques agitations, de suivre la voie révolutionnaire. Mais il se trouve toujours parmi eux un homme prudent, qui leur dit: « Prenez garde qu'on ne vous entende. Après tout, nous sommes tranquilles; et cela vaut encore mieux que d'être dévorés par l'ogre du radicalisme. »

Le *Franklin* était parvenu en vue du Havre. Richard était profondément endormi dans son hamac; il s'agitait et semblait se débattre sous le poids d'un cauchemar. Son jeune ami vint le réveiller. « Debout, lui dit-il, nous voici arrivés, et déjà l'on aperçoit le drapeau tricolore qui flotte sur la cité.

— Comment, répondit-il? Tricolore, non, vous vous trompez. Il y a 26 ans que cet emblème révolutionnaire a disparu. La France a pour roi Henri V, nous sommes en 1899; c'est le drapeau blanc qui est arboré, ce sont les jésuites qui dominent.

Et les Barbons règnent toujours (1).

— Bah ! Vous rêvez, nous sommes en 1873. La

(1) Béranger, *La Gérontocratie.*

République française, quoique malade, est encore vivante. Vous avez fait un mauvais rêve. »

En effet, ce n'était qu'un rêve.

Richard s'était endormi la veille en lisant un numéro de l'*Univers*, et c'est cette lecture qui lui avait troublé le cerveau.

« Hurrah pour la République ! s'écrièrent les deux amis, ce rêve ne se réalisera pas. »

Peris. — Imp. Moderne, Barthier dr, rue J.-J.-Rousseau, 61.